Создание конкурентоспособной инвестиционной среды в Туркменистане

OECD
ЛУЧШАЯ ПОЛИТИКА
ДЛЯ ЛУЧШЕЙ ЖИЗНИ

При цитировании просьба ссылаться на настоящую публикацию:
OECD (2025), *Создание конкурентоспособной инвестиционной среды в Туркменистане*, OECD Publishing, Paris, https://doi.org/10.1787/479c913c-ru.

ISBN 978-92-64-63323-0 (Печатное издание)
ISBN 978-92-64-66063-2 (PDF)
ISBN 978-92-64-69122-3 (HTML)

Первоначально был опубликован ОЭСР под названием: OECD (2025), *Building a Competitive Investment Landscape in Turkmenistan*, Competitiveness and Private Sector Development, OECD Publishing, Paris, https://doi.org/10.1787/84f62768-en.

Сведения об авторах фотографий: Обложка © Shawn.ccf/Shutterstock.com.

Исправления в публикациях ОЭСР можно найти по адресу: https://www.oecd.org/en/publications/support/corrigenda.html.

Предисловие

Настоящий документ представляет собой отчет по первому страновому анализу Туркменистана, проведенному ОЭСР, опираясь на многолетний опыт регионального взаимодействия и аналитической работы. Оценка проводилась в рамках Программы ЕС по процветанию в Центральной Азии, направленной на укрепление делового климата и развитие внутренних и межрегиональных связей.

Ключевую роль в развитии Туркменистана и всего региона в целом сыграет его уникальное положение на перекрестке крупных торговых путей. Чтобы конвертировать потенциал Туркменистана в создание активной инклюзивной экономики необходим динамичный инвестиционный климат.

В основу отчета легли результаты опроса ОЭСР среди более чем 30 частных компаний, работающих в Туркменистане, а также результаты анкетирования и интервью с партнерами по развитию, должностными лицами и представителями деловых кругов, проведенные государственными организациями. В отчете дан анализ последних достижений в улучшении делового и инвестиционного климата, определены направления для дальнейшей работы и предложены рекомендации, основанные на передовом опыте ОЭСР. Среди ключевых тем – процедуры открытия бизнеса, укрепление развития человеческого капитала, распространение цифровых технологий, упрощение торговых процедур и создание Агентства по продвижению инвестиций (АПИ).

Благодарности

Настоящий отчет подготовлен отделом Евразия Директората ОЭСР по международным связям и сотрудничеству (GRC) под общим руководством Директора ОЭСР по международным связям и сотрудничеству г-на Андреаса Шааля, и был впоследствии тщательно рецензирован руководителем Отдела Евразия ОЭСР г-н Уильямом Томпсоном. Контроль работы по отчету осуществлял г-н Грегори Леконт, старший экономический аналитик и глава подразделения Центральная Азия, а координатором выступила г-жа Селест Лапорт-Таламон, экономический аналитик Отдела Евразия ОЭСР.

Ведущий автор настоящего отчета – г-н Даниил Полойко, экономический аналитик Отдела Евразия ОЭСР, при методическом руководстве и значительной аналитической поддержке со стороны г-жи Селест Лапорт-Таламон. Г-жа Рыскуль Искакова, бывший экономический аналитик, разработала опросник для субъектов частного бизнеса и проанализировала результаты проведенного опроса. Неоценимую административную и логистическую поддержку оказали администраторы программ Отдела Евразия ОЭСР г-жа Анна Шахтахтинская и г-жа Элиса Ларракоечеа.

ОЭСР также выражает благодарность представителям государственного и частного секторов, деловых ассоциаций, партнеров по развитию и другим заинтересованным сторонам за их ценный вклад в ходе многочисленных дискуссий и опроса ОЭСР.

Эта работа стала возможной благодаря тесному взаимодействию с Министерством финансов и экономики Туркменистана. ОЭСР хотела бы с особой благодарностью отметить ценные замечания руководителя объединенного управления государственных финансов и экономической политики г-жи Галины Романовой, руководителя управления развития и финансирования отраслей экономики г-на Ата Чапаева, и руководителя управления по развитию негосударственного сектора экономики, регулированию особых экономических зон (СЭЗ) и государственно-частного партнерства (ГЧП) г-на Аширали Гурбанниязова. Бесперебойную связь с Ашхабадом обеспечивали Посол Туркменистана во Франции г-н Максат Чарыев и третий секретарь Посольства Туркменистана во Франции г-н Мердан Эргешов. ОЭСР также выражает признательность г-же Светлане Байрамовой из Представительства ЕС в Туркменистане за ее бесценную поддержку в организации двусторонних встреч и проведении семинаров в стране.

Настоящий отчет был значительно улучшен благодаря многочисленным комментариям других коллег из ОЭСР. Коллектив особенно признателен за замечания и рекомендации рецензентов: г-на Александра Бёмера, главы отдела Южной Азии (Юго-Восточная Азия) Директората ОЭСР по международным связям и сотрудничеству, и г-на Александра Де Кромбрюгге, главы группы по продвижению и содействию инвестициям Инвестиционного отдела ОЭСР. Ценный вклад и предложения внесли г-н Эрик Ливни, руководитель Представительства Европейского банка реконструкции и развития (ЕБРР) в Туркменистане, и г-н Даниил Майковский, коммерческий директор Агентства МСТ.

Наконец, эта работа была бы невозможна без финансовой и дипломатической поддержки Европейского союза (ЕС). ОЭСР выражает благодарность ЕС за его ценную поддержку в ходе мероприятий рабочих групп в Туркменистане. В частности, ОЭСР хотела бы поблагодарить руководителя отдела сотрудничества г-на Йоханнеса Баура и руководителя программ г-жу Эву Жуковска из Представительства ЕС в Казахстане, а также Посла г-жу Беату Пекса и руководителя программ г-на Борислава Димитрова из Представительства ЕС в Туркменистане.

Оглавление

ИЛЛЮСТРАЦИИ

ТАБЛИЦЫ

ВСТАВКИ

Аббревиатуры и сокращения

AZPROMO	Агентство поощрения экспорта и инвестиций Азербайджанской Республики
GAFI	Генеральное управление по инвестициям и свободным зонам Египта
GIZ	Немецкое агентство по международному сотрудничеству
KZT	Казахстанский тенге
PR	Связи с общественностью
TMT	Туркменский манат
USD	Доллар США
АПИ	Агентство по продвижению инвестиций
ВВП	Валовой внутренний продукт
ВНД	Валовой национальный доход
ГЧП	Государственно-частное партнерство
ЕС	Европейский Союз
КПЭ	Ключевые показатели эффективности
МВФ	Международный валютный фонд
МиО	Мониторинг и оценка
МСЭ	Международный союз электросвязи
МТЦ	Международный торговый центр
МФЭ	Министерство финансов и экономики
ОАЭ	Объединенные Арабские Эмираты
ОЭСР	Организация экономического сотрудничества и развития
ПИИ	Прямые иностранные инвестиции
ППС	Паритет покупательной способности
РКИ	Рамочная концепция в области инвестиций
СИИ	Совет иностранных инвесторов
СППТ	Союз промышленников и предпринимателей
СЭЗ	Специальная экономическая зона
ТМТМ	Транскаспийский международный транспортный маршрут
УСЭЗ	Управление по развитию специальных экономических зон
ЦУР	Цели устойчивого развития
ЮНЕП	Программа Организации Объединенных Наций по окружающей среде

Краткое содержание

С момента обретения независимости Туркменистан демонстрирует устойчивый рост, но ключом к формированию жизнеспособной экономики в будущем станет ее диверсификация

Важнейшее значение для долгосрочного процветания Туркменистана получит диверсификация производства, занятости и экспорта. Хотя страна продолжает демонстрировать положительный экономический рост на фоне глобальных вызовов, она по-прежнему чрезвычайно зависит от экспорта углеводородов, что подчеркивает необходимость дальнейшей диверсификации экономики в условиях растущей фрагментации хозяйственных связей и ускоряющихся климатических изменений. Добывающий сектор также является скорее капиталоемким, чем трудоемким. Диверсификация может помочь экономике увеличить количество рабочих мест для населения Туркменистана, а также повысить их производительность.

Есть признаки прогресса в повышении открытости и диверсификации экономики. Шаги к членству в ВТО особенно активизировались с тех пор, как Туркменистан получил статус присоединяющейся страны: в настоящее время работают технические рабочие группы и проводятся законодательные реформы. Растет динамика в частном секторе, о чем свидетельствуют положительные тенденции в создании новых предприятий и в экспорте не являющихся углеводородами товаров. За последнее десятилетие государственная политика импортозамещения и поощрения экспорта поспособствовала расширению производства в ряде секторов, включая производство удобрений, неорганических химикатов, овощей и фруктов. В дополнение к устоявшимся прочным торговым связям с Китаем, Туркменистан неуклонно диверсифицирует торговые связи как с ближайшими странами Центральной Азии, так и за ее пределами. Дополнительно стимулировать этот экономический рост может привлечение прямых иностранных инвестиций (ПИИ) в несырьевые секторы, связанные с внешней торговлей, однако для этого потребуется дальнейшее улучшение делового и инвестиционного климата.

Результаты опроса ОЭСР в частном секторе указывают на осторожный оптимизм в отношении меняющейся деловой среды

Ответы на опрос, полученные от более, чем 30 местных частных компаний, в сочетании с интервью с партнерами по развитию, отражают некоторые позитивные изменения в деловом и инвестиционном климате. Реформы облегчили регистрацию бизнеса и уплату налогов, однако выходу на рынок новых участников препятствует чрезмерный объем документооборота, ограниченная цифровизация и стратегии импортозамещения. Респонденты сообщают, что нехватка квалифицированных кадров сохраняется, поскольку программы образования и обучения еще не в полной мере отвечают потребностям рынка труда. Несмотря на прогресс в цифровизации таможенных и торговых процедур, серьезным препятствием остается ограниченный доступ в интернет, вызванный высокими тарифами и недостаточным развитием инфраструктуры. Еще одним существенным препятствием для ПИИ выступают сохранение *де-факто* двойного обменного курса и ограничение конверсии валют.

Чтобы получить пользу от своих последних достижений, Туркменистану следует интенсифицировать усилия по ослаблению регуляторных барьеров, расширению доступа в интернет и укреплению конкурентной среды. Уменьшение регулирования при регистрации предприятий позволило бы компаниям приступать к работе раньше, чем сейчас. В то же время, совершенствование правового поля могло бы укрепить конкурентную среду и улучшить доступ к финансированию, чтобы стимулировать создание новых предприятий. Дефицит человеческого капитала можно уменьшить путем внедрения программ профессионально-техническая подготовки (ПТП) с участием частного сектора, а программы образования и подготовки для предпринимателей (ОПП) могут помочь потенциальным предпринимателям далее развивать рынок путем создания новых предприятий. Расширение достижений в области цифровизации потребует повышения цифровой грамотности, инвестиций в инфраструктуру и снижения существующих тарифов, что позволит уравнять правила игры для местных и международных компаний. Цифровизацию также следует внедрять в сфере торговли, чтобы упростить таможенные процедуры для транзитных перевозчиков, способствовать трансграничному сотрудничеству, а также оптимизировать процессы оплаты налогов. Дополнительные реформы (например, гармонизация стандартов отчетности государственных предприятий (ГП) с международными стандартами, учреждение полностью работоспособного отдельного института омбудсмена по коммерческим вопросам и унификация обменного курса) могут успокоить инвесторов и повысить привлекательность инвестиционной среды.

Туркменистан может извлечь выгоду из более активного привлечения ПИИ путем создания Агентства по продвижению инвестиций (АПИ)

Туркменистану удается привлекать инвестиции в свой углеводородный сектор, но он мог бы получить пользу от диверсификации инвестиционных проектов и оптимизации системы управления. Страна привлекает ПИИ с той же скоростью, что и ее соседи, однако при этом имеет более высокий накопленный объем инвестиций по сравнению с большинством соседних стран, что говорит об устойчивом интересе со стороны инвесторов. Страна активно выступает на международной арене как организатор и участница многочисленных форумов, представляя себя как привлекательное направление. Однако имеющие отношение к инвестициям компетенции рассредоточены между несколькими правительственными и негосударственными учреждениями.

Для полной реализации своего инвестиционного потенциала Туркменистан мог бы создать специальный орган, занимающийся инвестициями, которого ему в настоящее время не хватает – Агентство по продвижению инвестиций. АПИ – гибкий институт, чья организационная структура и иерархическое подчинение могут принимать различные формы, при условии, что полномочия Агентства позволяют ему решать задачи, определенные целевой национальной инвестиционной стратегией в соответствии с национальной экономической стратегией. Касающиеся инвестиций вопросы можно разделить на два направления: а) продвижение инвестиций, направленное на пробуждение интереса у потенциальных инвесторов, и б) содействие инвестициям – это помощь тем, кто решился инвестировать. Эффективное АПИ должно будет: предоставлять прозрачную информацию об инвестиционной среде и возможностях в стране, а также о своей собственной деятельности на основе инструментов мониторинга и оценки; устанавливать контакты с потенциальными инвесторами и служить посредником между уже состоявшимися инвесторами и правительством; предоставлять правительству собранные отклики, чтобы стимулировать изменения в политике (по мере необходимости) и обеспечивать сохранение инвестиций. Если потребуется, АПИ может брать дополнительные полномочия (например, управление продвижением экспорта), а также выполнять такие менее распространенные поручения, как ответственность за экономические зоны и государственно-частные партнерства (ГЧП).

1 Обзор экономики Туркменистана

Данная глава содержит обзор экономических событий последних лет в Туркменистане с акцентом на торговлю, развитие частного сектора и прямые иностранные инвестиции. Подобно другим экономикам региона, Туркменистан пытается приспособиться к трудностям, связанным с замедлением роста вследствие пандемии COVID-19 и полномасштабного вторжения России в Украину. В условиях растущего интереса к альтернативным транспортным маршрутам международные транспортные коридоры «Север — Юг» и «Восток — Запад» открывают для Туркменистана значительные возможности. Однако, для начала страна должна быть готова провести необходимые реформы, чтобы диверсифицировать экономику и улучшить инвестиционный климат.

1.1. Туркменистан с момента обретения независимости

Будучи четвертой страной в мире по объему разведанных запасов газа, с момента обретения независимости Туркменистан уже получил значительную выгоду от роста экспорта своих углеводородов. С 2012 года страна относится к категории государств с уровнем дохода выше среднего; ее ВВП составляет 64,2 миллиарда нынешних долларов США в 2024 (World Bank, 2025[1])[1]. С 2000-х годов страна неизменно занимает второе место в Центральной Азии по величине ВВП на душу населения с учетом паритета покупательной способности (ППС) (World Bank, 2025[1]). Запасы природного газа в Туркменистане оцениваются примерно как 10% от мировых, что делает страну значимым игроком на энергетическом рынке (World Bank, 2018[2]). Туркменистан, по всей видимости, также богат критически важными видами сырья, такими как предполагаемые запасы лития, необходимого для производства аккумуляторов. Кроме того, по некоторым оценкам, на западе страны насчитывается около 70 миллионов тонн железной руды (Symeonidis, 2024[3]).

Рисунок 1.1. ВВП на душу населения, ППС (в постоянных международных долларах 2021 года)

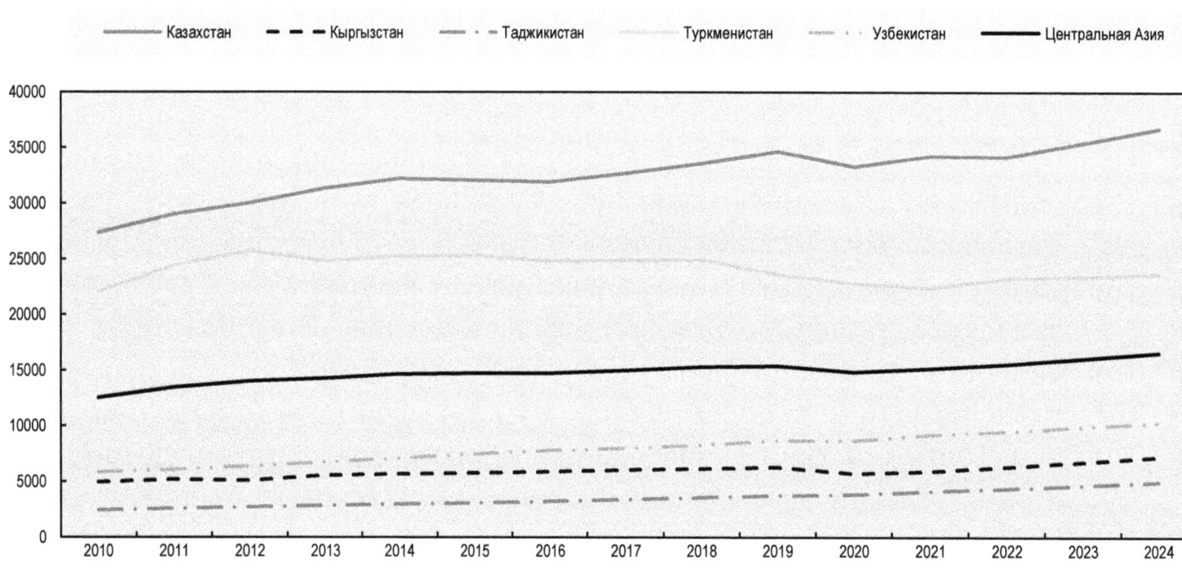

Источник: (IMF, 2025[4])

В середине 2010-х годов Туркменистан столкнулся с экономическими трудностями (Рисунок 1.2**), вызванными окончанием сырьевого суперцикла и последующим сокращением доходов от экспорта углеводородов в 2015–2018 годах.** Это привело к росту официального обменного курса маната, который с 2009 года был привязан к доллару США на уровне 2,85 ТМТ за доллар. С 2015 года курс составил 3,5 ТМТ за доллар. Несмотря на то, что официальный обменный курс с тех пор оставался фиксированным, курс на параллельном рынке со временем претерпел значительные колебания. В апреле 2021 года он достиг 38 ТМТ за доллар США, а затем вернулся на отметку примерно 18,5 (Gogoberishvili and Bayar, 2023[5]).

Тем не менее экономика продемонстрировала устойчивость перед лицом недавних потрясений, включая корректировку цен на сырьевые товары в середине 2010-х годов, пандемию COVID-19 и последствия полномасштабного вторжения России в Украину в феврале 2022 года. В 2024 году рост стабилизировался, и МВФ прогнозирует его дальнейшее продолжение, также предоставляя рекомендации по экономической диверсификации и реформам (IMF, 2024[6]).

1.2. Ключевые экономические тенденции и контекст государственной политики

В последние годы экономический рост сохранял положительную динамику, но замедлялся

Экономика Туркменистана по-прежнему находится в значительной зависимости от углеводородов, причем экспорт природного газа служит основным двигателем экономического роста. Тем не менее, в последние годы страна, похоже, столкнулась с замедлением роста: по оценкам Международного валютного фонда, рост ВВП замедлился с 5,3% в 2022 году до 2% в 2023 году (Рисунок 1.2). Это замедление отражает как глобальные, так и внутренние трудности, включая колебания мировых цен на энергоносители и ограниченную диверсификацию экономики (IMF, 2024[6]). Как показывает Рисунок 1.2, официальная статистика представляет иную картину: экономика переживает рост за счет промышленности, услуг и сельского хозяйства. Вставка 1.1 представляет обзор ситуации по этим данным. Кроме того, официальные отчеты показывают, что за этот период реальные зарплаты выросли на 10%, и это, в свою очередь, способствовало росту потребительских расходов (Turkmenistan Altyn Asyr, 2024[7]).

Рисунок 1.2. Рост ВВП в Туркменистане и Центральной Азии (%)

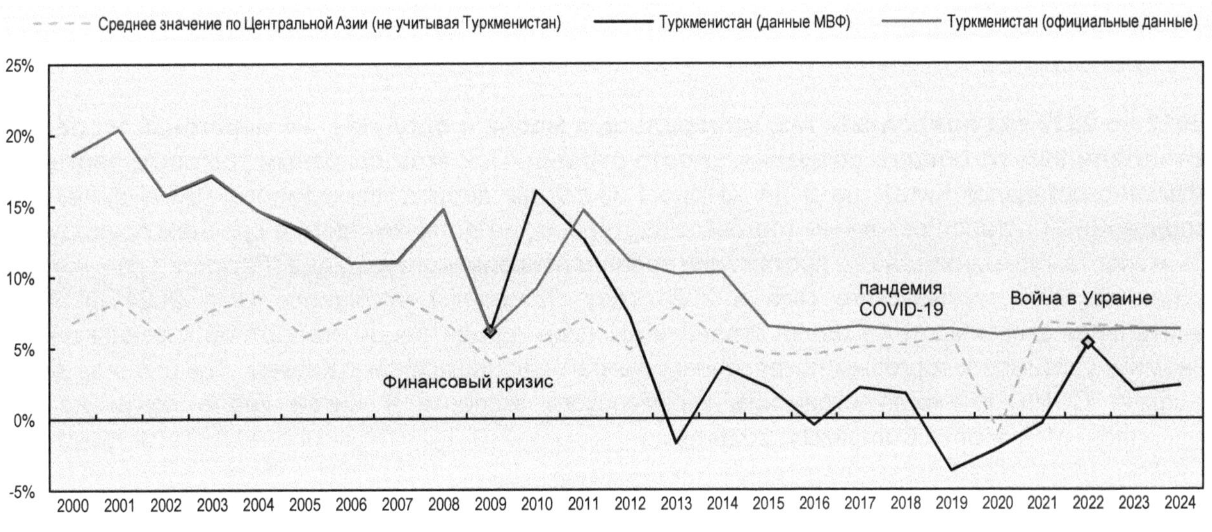

Источник: (IMF, 2024[8]) и официальные данные, предоставленные Туркменистаном.

Вставка 1.1. Другие оценки ВВП

Данные МВФ по Туркменистану показывают расхождение с официальными. Например, оценки ВВП, предоставленные МВФ, значительно отличаются от официальных данных, предоставленных правительством (Рисунок 1.2).

Аналитики МВФ привели несколько причин, которыми можно объяснить различия между полученными ими результатами и официальными данными. К примеру, опубликованные правительством данные основаны на официальном обменном курсе, несмотря на значительную разницу с курсом на параллельном рынке. В рабочем документе, опубликованном в 2023 году, указывалось, что обеспокоенность международных наблюдателей и партнеров (таких как международные организации, партнеры по взаимной торговле и инвестициям, рейтинговые агентства и независимые прогнозисты) относительно данных ВВП Туркменистана усилилась в первый год пандемии COVID-19, поскольку официальная статистика показывала непрерывный интенсивный рост (около 6%), несмотря на мировой кризис и ограниченные возможности реагирования на изменения ситуации. Это побудило аналитиков разработать методологию типа «снизу вверх», основанную не только на официальной информации от туркменского государства, но и на внешних источниках — главным образом на данных по торговле, которые позволяют опираться на «зеркальную статистику» от торговых партнеров.

ОЭСР признает существование различий в подходах между МВФ и Туркменистаном. В настоящее время, МВФ и ведомства Туркменистана ведут переговоры для разрешения этих разночтений. В данном отчете используются данные МВФ для обеспечения согласованности и сопоставимости с другими странами, но также приводятся официальные данные ведомств Туркменистана в случае значительных расхождений.

Источник: Bayar and Gogoberishvili (2023[9]).

Экспортная корзина страны преимущественно состоит из поставок углеводородов в Китай

С 2012 по 2022 год природный газ, минеральные масла и продукты их перегонки в среднем составляли 90% от общего объема экспорта страны. При этом основным торговым партнером неизменно оставался Китай, на долю которого за тот же период приходилось 75% туркменского экспорта Китай остался основным торговым партнером, на долю которого в среднем приходилось 75% экспорта Туркменистана на протяжении проанализированного периода (Рисунок 1.3) и который закупал до 90% туркменского газа в 2024 году (Economist Intelligence Unit, 2024[10]). Такая значительная зависимость от одной страны и высокая концентрация экспортной корзины делают экономику уязвимой к торговым потрясениям, затрагивающим связи с Китаем. Так было во время пандемии COVID-19, когда стоимость туркменского экспорта в Китай упала почти на 30% (Observatory of Economic Complexity, 2025[11]).

Рисунок 1.3. Экспортный профиль Туркменистана

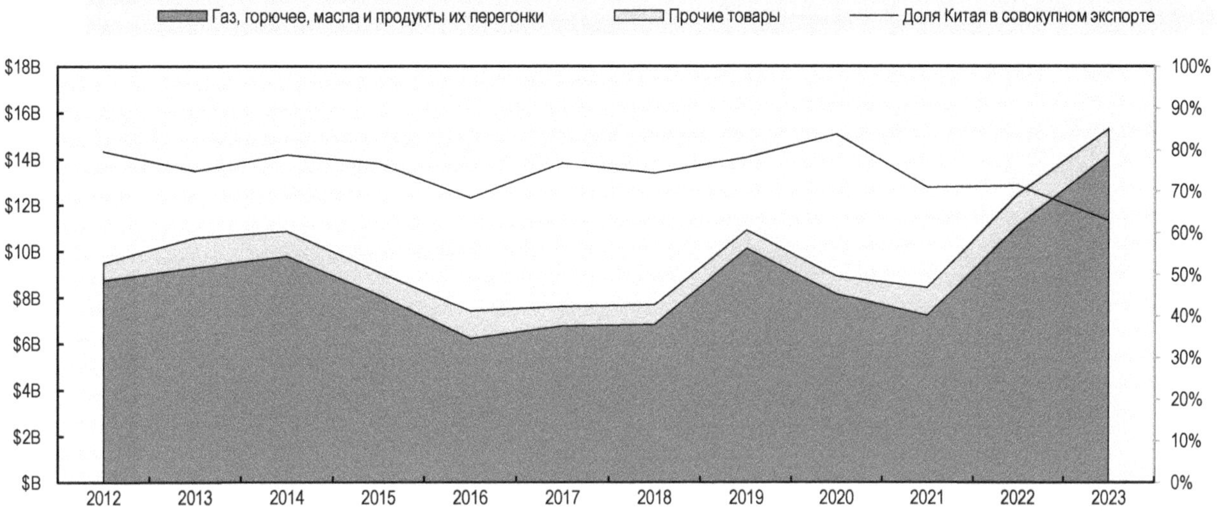

Источник: (Observatory of Economic Complexity, 2025[11])

Власти проводят политику экономической диверсификации, но ее результаты ограничены

Власти работают над диверсификацией экспортной корзины страны. При этом в других секторах, таких как сельское хозяйство, наблюдается сильный рост. Так, сообщается, что производство томатов в последние годы переживает беспрецедентный рост, а их экспорт с 2020 по 2023 год вырос более чем в три раза (Turkmenistan Habarlary Portaly, 2024[12]). Согласно интервью, проведенным представителями ОЭСР, томаты выращиваются в отапливаемых газом теплицах, и низкие цены на энергоносители делают такую бизнес-модель привлекательной для местных предпринимателей. Благодаря низкой себестоимости производства туркменские томаты оказались весьма конкурентоспособными на внешних рынках. В настоящее время томаты из Туркменистана поставляются в Центральную Азию и Россию. Для некоторых стран Туркменистан стал главным поставщиком томатов — как, например, для Кыргызстана, где тройка основных стран-поставщиков — Туркменистан (15,2 тыс. тонн), Узбекистан (3,5 тыс. тонн) и Китай (722 тонны) (Turkmenistan Habarlary Portaly, 2025[13]). В целом, экспорт овощей в 2024 году вырос в 41 раз по сравнению со значением экспорта в 2015 году (ITC, 2025[14]).

Несмотря на некоторый рост в других секторах, в экспортной корзине страны по-прежнему преобладают углеводороды, доля которых выросла с 2010 года (Рисунок 1.4**).** Результаты опросов, проведённых представителями ОЭСР, и интервью с руководителями частных предприятий демонстрируют такие тенденции, как рост доли удобрений и овощей в экспорте. При этом более 90% экспорта в 2023 году по-прежнему приходилось на минеральное топливо. Отмечается заметный рост экспорта удобрений, некоторые из которых — например, серные — представляют собой побочный продукт добычи газа. Экспорт удобрений вырос более чем в 18 раз с 2015 года, а экспорт неорганических химикатов — в три раза за тот же период времени (ITC, 2025[14]). Эти удобрения в основном производятся из газа, поэтому связь с углеводородным сектором остается сильной. Тем не менее, этот рост представляет собой пусть и ограниченный, но позитивный шаг на пути к диверсификации производства, занятости и экспорта, что подтверждается официальными данными, предоставленными ОЭСР правительством.

Рисунок 1.4. Экспортная корзина Туркменистана (отдельные товары, в долларах США)

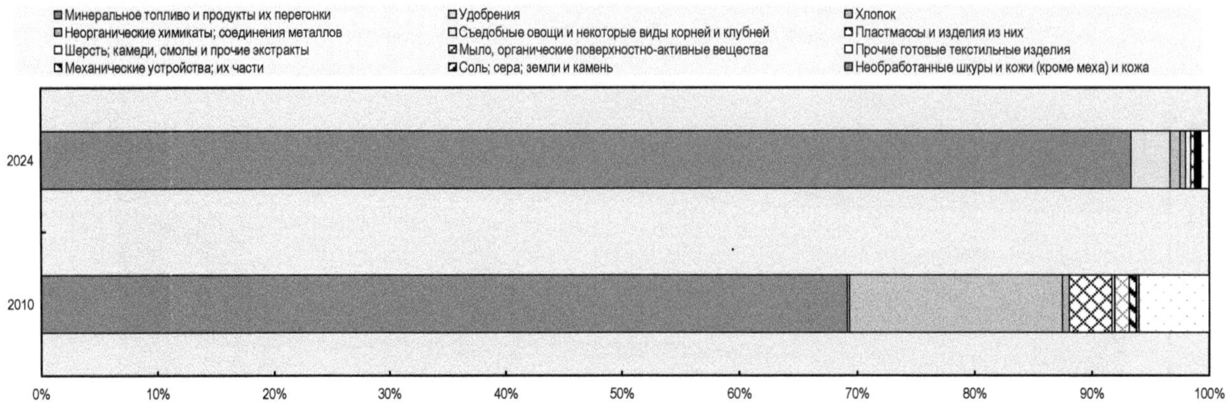

Источник: (ITC, 2025[14])

Туркменистан работает над диверсификацией направлений своих экспортных поставок (Рисунок 1.5**).** По данным Обсерватории экономической сложности, в 2023 году Туркменистан нарастил объемы экспорта во все соседние страны Центральной Азии до уровня примерно 950 миллионов долларов США в Узбекистан и 165 миллионов долларов США в Казахстан. Эти усилия не ограничиваются регионом: Туркменистан вышел на другие рынки, за последние годы заметно увеличилось его присутствие в Турции и в Азербайджане.

Рисунок 1.5. Диверсификация экспорта (направления)

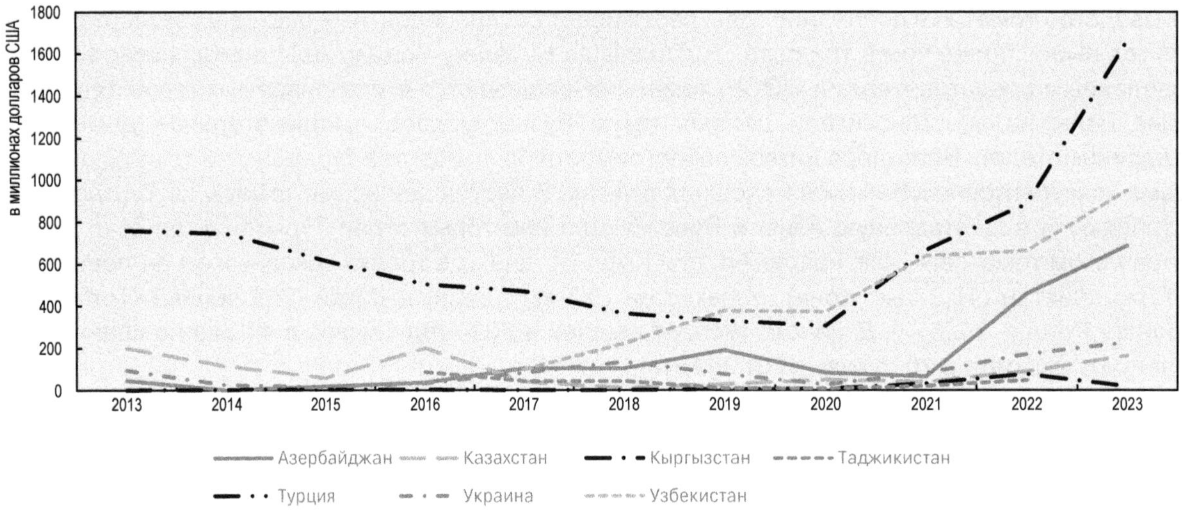

Источник: (Observatory of Economic Complexity, 2025[11])

Диверсификация производства, выпуска и экспорта продукции будет иметь решающее значение для долгосрочного процветания Туркменистана, особенно по мере того, как мировая экономика будет переходить от углеводородов к более экологичным видам энергии. Однако, для Туркменистана это сложная задача, учитывая его расположение, площадь и ресурсы (Вставка 1.2).

Вставка 1.2. Сложности диверсификации

Такая экспортоориентированная экономика как Туркменистан, расположенная вдали от основных центров мирового спроса, сталкивается с исключительными проблемами конкурентоспособности, особенно в обрабатывающем секторе. Производителям экспортных товаров требуется конкурентное преимущество в эффективности, чтобы компенсировать издержки, связанные с расстояниями. Для того, чтобы компенсировать более высокие затраты на транспорт и капитал, а затем конкурировать на отдаленных рынках с соперниками, которые закупают ресурсы и услуги на более глубоких, конкурентных рынках, им необходимо быть *лучше* своих конкурентов; быть просто наравне с ними может оказаться недостаточно. Кроме того, учитывая ограниченные размеры экономики и, как следствие, невысокие возможности достижения эффекта масштаба производства во многих отраслях, производителям несырьевых товаров для внешнего рынка, вероятно, потребуются иные источники конкурентных преимуществ — например, акцент на уникальных качествах продукции, дефицит которой способен повышать ее ценность. Несмотря на проблему транспортных расходов, им также необходимо будет сосредоточиться на внешних рынках, поскольку стратегия, ориентированная на импортозамещение в небольшой экономике, по своей сути является самоограничивающей. Стратегии диверсификации должны быть в определенной степени экспортоориентированными, хотя главной задачей должна быть не экспортная поддержка или импортозамещение, а скорее *конкурентоспособность в сфере экспортных товаров и услуг*.

По сути, экономическая диверсификация представляет собой поиск одной или нескольких новых и прибыльных ниш в международном разделении труда. Хотя передовые инновации могут помочь справиться с этой задачей, для многих стран достаточно просто открыть новые возможности для прибыльного производства уже известных продуктов. Это непросто. Заранее трудно определить, какие новые виды деятельности могут стать конкурентоспособными с учетом структуры издержек экономики, поскольку существующий набор рыночных цен в экономике ничего не говорит о потенциальной рентабельности альтернативных (и пока гипотетических) способов распределения ресурсов (Rodrik, 2004).

Попытки диверсификации, скорее всего, будут сопровождаться множеством проб и ошибок; результаты обычно нельзя заранее точно определить и спланировать. Это означает, что результаты успешных политик диверсификации будут трудно предсказуемы, поэтому политикам следует воздержаться от искушения пытаться заранее определить структуру производства, к которой, по их мнению, должна стремиться экономика. Акцент следует делать не на заранее определенных «стратегических секторах», а на поддержке появления *новых* видов деятельности, часть из которых потерпит неудачу, а часть — приживется. Для большинства горнодобывающих и нефтегазовых регионов это, в той или иной степени, будет означать помощь промышленным производителям в продвижении по цепочке создания добавленной стоимости, и тем самым — диверсификацию на основе имеющихся у них сильных сторон. Однако, конкретные направления этой эволюции предсказать невозможно, и при создании необходимых условий вероятен рост и других новых видов деятельности.

Источник: (OECD, 2014[15]).

Инвестиционные возможности существуют и вне сектора углеводородов

Туркменистан предоставляет возможности для инвестиций за пределами углеводородного сектора, в частности в таких отраслях, как повышение энерго- и водоэффективности, а также модернизация сельского хозяйства, где технологическое обновление является приоритетом государственной политики. Успешный выход на рынок требует наличия надежного местного партнёра, зачастую обладающего устойчивыми связями с государственными институтами. Вместе с тем инвестиционные возможности могут быть расширены за счёт применения инструментов снижения рисков. В частности, иностранные компании могут воспользоваться официально поддерживаемым страхованием экспортных кредитов и государственными гарантиями, а также защитными механизмами, предусмотренными двусторонними соглашениями о защите и поощрении инвестиций, заключёнными страной с 24 государствами и обеспечивающими дополнительные гарантии в случае судебных разбирательств (Khadim and Goddard, 2024[16]).

Действующее законодательство предусматривает систему защиты инвесторов. Права инвесторов защищены Законом об инвестиционной деятельности: закон, ограничивающий инвестиции, может вступить в силу только через 10 лет после его опубликования; убытки, понесенные в результате нарушения прав инвесторов государственными органами, подлежат компенсации по решению суда; государственные органы не должны вмешиваться в деятельность компаний, за исключением случаев, предусмотренных законом. Кроме того, закон защищает равные права всех инвесторов, исключая применение дискриминационных мер, затрудняющих управление, использование и вывод инвестиций, а также закрепляет правило, согласно которому связанные с инвестициями активы не могут быть национализированы без выплаты компенсации, пропорциональной их стоимости (Mejlis of Turkmenistan, 2015[17]). Несмотря на предпринятые нормативные и законодательные улучшения, ОЭСР и другие международные партнёры отмечают, что законодательство, регулирующее предпринимательскую и инвестиционную деятельность, реализуется и применяется непоследовательно (OECD, 2023[18]). Кроме того, сохраняющиеся ограничения на конвертацию валюты и связанные с этим трудности при репатриации прибыли остаются существенным практическим препятствием для осуществления прямых иностранных инвестиций (ПИИ) в Туркменистане.

1.3 Развитие частного сектора, устойчивости и взаимосвязей

Туркменистан планирует вступить в ВТО к 2030 году

В рамках усилий по диверсификации торговли Туркменистан стал страной-кандидатом на вступление в ВТО в 2022 году. Это привело к ряду улучшений в законодательной среде для бизнеса и инвестиций, например, к переводу законов на английский и русский языки для упрощения доступа инвесторов к законодательству (OECD, 2023[18]). Также были приняты несколько новых программ, направленных на повышение торговых показателей страны, таких как, например, Программа развития внешнеэкономической деятельности на 2020–2025 годы. Другие программы, например, Меморандум о порядке внешней торговли, все еще находятся в стадии разработки (Ministry of Foreign Affairs of Turkmenistan, 2024[19]).

Вставка 1.3. Программа развития внешнеэкономической деятельности на 2020–2025 годы

В программе изложен стратегический план Туркменистана по развитию внешнеэкономической деятельности до 2025 года. Она направлена на согласование с более широкими целями социально-экономического развития, сосредоточенными на расширении международных экономических отношений и усилении присутствия страны на мировом рынке, упрощении экспорта, а также привлечении импорта и прямых иностранных инвестиций. Предполагается, что это будет достигнуто посредством всестороннего сотрудничества с международными партнерами.

Программа сосредоточена на нескольких ключевых приоритетах, отвечающих потребностям местных и иностранных предприятий. Она затрагивает вопросы логистики и потенциала Туркменистана как регионального транспортного узла, а также необходимость стратегического планирования, международного сотрудничества, цифровизации и упрощения административных процедур, расширения взаимодействия с иностранными предприятиями и привлечения инвестиций.

Развитие международного сотрудничества занимает важное место в программе. Оно включает в себя более активное взаимодействие с органами ООН в целях дальнейшего совершенствования таможенных служб, развития ряда отраслей промышленности и проведения реформ для расширения торговли. Туркменистан также стремится к более тесному сотрудничеству с ОЭСР с целью внедрения передовых практик государств-членов организации и установления более качественных партнерских отношений. Программа также уделяет приоритетное внимание взаимодействию с рейтинговыми агентствами с целью дальнейшего укрепления имиджа страны как надежного партнера на мировой арене.

Источник: Неопубликованный правительственный документ, предоставленный сотрудникам ОЭСР.

Вступление в ВТО должно укрепить приверженность международным торговым стандартам. Государственные и частные заинтересованные стороны участвуют в разнообразных семинарах по ожидаемым изменениям, вызванными вступлением в ВТО. Например, Европейская экономическая комиссия (ЕЭК) ООН) провела обучение для должностных лиц с целью лучшего понимания регуляторных аспектов процедур ВТО (UNECE, 2023[20]). Кроме того, при поддержке международных инициатив по развитию, таких как финансируемый ЕС проект «Туркменистан: устойчивость торговли и интеграция», реализуемый Международным торговым центром (МТЦ), государственные чиновники, политики и представители частного сектора получают возможность лучше ознакомиться с правилами ВТО и преимуществами вступления для туркменского бизнеса (ITC, 2025[21]). Агентство США по международному развитию (USAID) также организовало семинары с правительственными чиновниками, чтобы помочь предприятиям понять рамки, правила и практику ВТО (Business Turkmenistan, 2024[22]).

Улучшилась торгово-транспортная связанность

Туркменистан выигрывает благодаря своему положению на пересечении нескольких межрегиональных торговых маршрутов. Туркменистан расположен на южной ветви коридора ТРАСЕКА и Транскаспийского международного транспортного маршрута (ТМТМ), связывающего Европу и Китай — коридора, который привлекает все большее внимание в последние годы, особенно после полномасштабного вторжения России в Украину в феврале 2022 года (OECD, 2023[23]). В стране находится восточная ветвь Транспортного коридора «Север — Юг», проходящего вдоль берега Каспийского моря и являющегося альтернативой западной ветви, проходящей через

Азербайджан (Caspian News, 2023[24]). Туркменистан также участвовал в создании Лазуритового коридора, который связывает Афганистан с Турцией (OECD, 2023[25]).

Туркменистан намерен занять ключевую позицию на пересечении региональных торговых маршрутов за счет развития своей инфраструктуры. Автомобильный транспорт был существенно модернизирован за последние несколько лет. Среди примеров — автомагистраль «Ашхабад — Туркменабат», второй участок которой протяженностью 109 км был завершен в апреле 2024 года, а также третий участок длиной 288 км, работы над которым ведутся в настоящее время (News Central Asia, 2024[26]). В сентябре 2024 года с китайскими партнерами было подписано соглашение о строительстве высокоскоростной автомагистрали «Сарахс — Мары — Серхетабат» протяженностью 450 км (Balkan Shipyard, 2024[27]). Кроме того, согласно данным ЕБРР, в 2022 году Туркменбашинский международный морской порт зафиксировал 2,5-кратное увеличение объемов транзитных грузов за счет роста транзита нефтепродуктов, металлов, машин, продуктов питания, запасных частей, химических грузов и строительных материалов. (EBRD, 2023[28]). Туркменистан стремится расширить свое присутствие на Каспийском море за счет модернизации своего флота путем строительства судов при поддержке международных финансовых учреждений и иностранных судостроительных компаний (Turkmenistan Golden Age, 2025[29]). Однако, чтобы воспользоваться географическими возможностями Туркменистана, правительству необходимо будет решить проблему существующих узких мест в инфраструктуре, например, путем расширения железнодорожной сети страны посредством электрификации, модернизации системы сигнализации и подвижного состава, а также облегчить торговлю путем либерализации визового режима для водителей грузовиков и упрощения получения транзитных разрешений (OECD, forthcoming[30]).

Несмотря на то, что импортные тарифы относительно невысоки, нетарифные, например, административные, барьеры остаются серьезной проблемой для импортеров. Существуют фиксированные таможенные пошлины на импорт определенного перечня товаров, в дополнение к которым предприятия также несут расходы из-за необходимости оплаты регистрации договоров и акцизных сборов (State Customs Service of Tukmenistan, 2025[31]). Руководители предприятий отмечают и другие препятствия в торговле, такие как громоздкие процедуры регистрации импортно-экспортной деятельности и необходимость получения многочисленных разрешений от различных государственных органов до того, как их заявки будут рассмотрены на Государственной товарно-сырьевой бирже, которая оценивает обоснованность цен и реалистичность контрактов (International Trade Administration, 2023[32]). Система «одно окно» могла бы помочь решить некоторые из этих проблем, как описано ниже.

Реформы по упрощению процедур торговли проводятся совместно с международными партнерами

Туркменистан впервые принял участие в работе над Индикаторами упрощения процедур торговли (ИУПТ) ОЭСР. Первый анализ, опубликованный в 2023 году, содержит предварительные результаты, так как данные удалось собрать лишь по двум третям из 11 индикаторов. И хотя Туркменистан не принимал участия в следующем раунде сбора данных, его участие в первом раунде стало обнадеживающим признаком решимости улучшить как сотрудничество с международными игроками, так и свой торговый профиль и доступ к данным. Это помогло выявить потенциал для совершенствования торговой политики и привлекло внимание к необходимости сбора дополнительной информации в таких областях, как процедуры оформления документов, управление и беспристрастность, процедуры апелляции, сборы и платежи, а также другие процедуры (OECD, 2023[25]). Нехватка информации является одной из серьезных проблем, с которыми сталкивается бизнес, особенно МСП, при учреждении, а также при расширении деятельности.

Вставка 1.4. Усилия по внедрению показателей упрощения процедур торговли (TFI) в Центральной Азии

База данных показателей упрощения процедур торговли ОЭСР

Показатели TFI — инструменты, которые используются для помощи разработчикам экономической политики в оценке уровня упрощения процедур торговли, что позволяет им лучше отслеживать текущий прогресс и справляться с проблемами. Существует 11 показателей TFI, которые делятся на четыре категории:

- **Прозрачность и предсказуемость.** Эта категория охватывает показатели от A до E, которые касаются доступности информации, вовлеченности торгового сообщества, предварительных решений, процедур обжалования, а также сборов и платежей.
- **Автоматизация и оптимизация процедур.** Эта категория включает показатели от F до H, а именно: документы, автоматизацию и процедуры.
- **Сотрудничество пограничных ведомств.** Эта категория состоит из показателей I и J, которые отражают, соответственно, внутреннее и внешнее сотрудничество пограничных ведомств.
- **Управление и беспристрастность.** Эта категория включает единственный показатель K, оценивающий собственно управление и беспристрастность.

В последние годы государства Центральной Азии значительно упростили процедуры торговли. В период с 2017 по 2019 год были достигнуты выдающиеся результаты по показателям «документы» (+121,2%), «процедуры» (+54,8%) и «сборы и платежи» (+25,3%). В период с 2019 по 2022 год наиболее впечатляющий рост продемонстрировали три показателя: «внутреннее сотрудничество пограничных ведомств» (+47,1%), «управление и беспристрастность» (+35,2%) и «доступность информации» (+28,2%). Наиболее заметные общие улучшения в период с 2017 по 2022 год произошли в категориях «документы» (+150,9%), «процедуры» (+69,7%) и «внутреннее сотрудничество ведомств» (+35,1%). Таким образом, несмотря на то, что прогресс в разных странах остается неравномерным, он охватывает различные области во всех четырех категориях TFI, что дает надежду на дальнейшее продвижение региона к упрощению торговой среды.

Тем не менее, на региональном уровне еще есть потенциал для улучшений. В отчете ОЭСР определяются три основных приоритета дальнейшего развития и ускорения упрощения процедур торговли: работа по реформированию и предоставлению доступа к законодательству, связанному с торговлей, цифровизация и автоматизация соответствующих процедур, а также дальнейшее углубление трансграничного сотрудничества.

Источник: (OECD, 2023[25])

В 2023 году Туркменистан показал более низкие результаты, чем в среднем по региону, в исследовании TFI, но отчасти это было связано с нехваткой данных. Страна отставала от средних по региону показателей вовлеченности торгового сообщества (B) и процедур обжалования решений (D), причем разница между результатами Туркменистана и в целом по региону была существенной. Некоторые показатели, такие как предварительные решения (C) и документы (F), не удалось проверить из-за отсутствия данных. Заметными исключениями стали результаты страны по сотрудничеству между пограничными ведомствами на внешних границах (J), которые почти соответствуют региональным, и на внутренних границах (I), где они даже превосходят средний региональный показатель (Рисунок 1.6).

Рисунок 1.6. Индикаторы упрощения процедур торговли ОЭСР применительно к Туркменистану (данные за 2023 год)

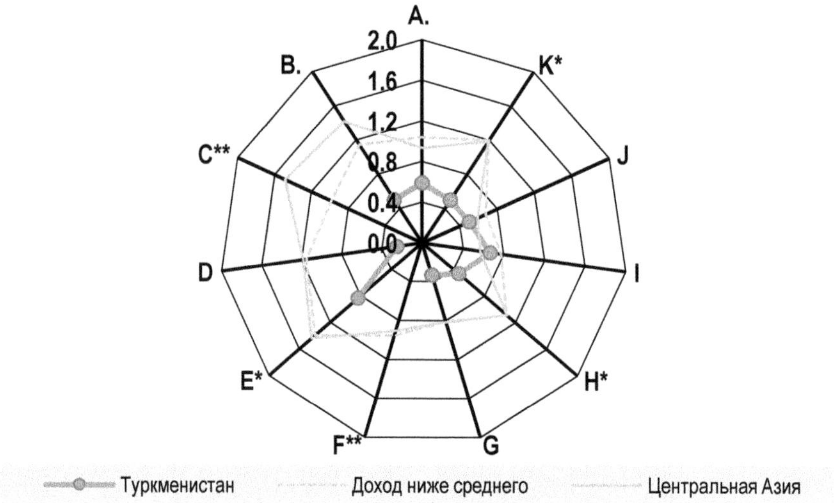

Примечание: максимальный балл равен 2. Информация по Центральной Азии включает в себя Казахстан, Кыргызстан, Таджикистан и Узбекистан. По Туркменистану представлена только предварительная информация. Показатели, отмеченные звездочкой, включают в себя менее половины подпоказателей TFI ОЭСР, а показатели, отмеченные двумя звездочками, не представлены вовсе из-за нехватки данных.

Условные обозначения: A — доступность информации, B — вовлеченность торгового сообщества, C — предварительные решения, D — процедуры обжалования решений, E — сборы и платежи, F — документы, G — автоматизация, H — процедуры, I — сотрудничество между пограничными ведомствами на внутренних границах, J — сотрудничество между пограничными ведомствами на внешних границах, K — управление и беспристрастность.

Источник: (OECD, 2023[25]).

Правительство работает над тем, чтобы сделать процедуры, связанные с торговлей и инвестициями, более доступными. С 2020 года Туркменистан активно работает над модернизацией веб-инфраструктуры государственных органов, связанных с торговой и инвестиционной деятельностью. Примером тому служит внедрение в апреле 2023 года Портала торговой информации в рамках регионального проекта Ready4Trade Central Asia (R4TCA), финансируемого ЕС и реализуемого Международным торговым центром. Также в 2023 году при поддержке ЮНКТАД было запущена система «одно окно» для экспортно-импортных операций. Его цель — позволить пользователям выполнять все необходимые административные задачи, связанные с экспортно-импортными операциями, на единой платформе (State Customs Service of Turkmenistan, 2024[33]). Прилагаются усилия, чтобы сделать эти ресурсы доступными и для иностранных компаний, поскольку оба сайта доступны на туркменском, английском и русском языках.

Туркменистан предпринимает шаги по «озеленению» своей экономики

Экономика страны по-прежнему углеродоемка, однако власти работают над сокращением выбросов углерода и метана совместно с международными партнерами. Первого декабря 2023 года на климатическом саммите COP28 в Дубае Туркменистан официально присоединился к Глобальному метановому обязательству, взяв на себя цель сократить выбросы метана как минимум на 30% по сравнению с уровнем 2020 года к 2030 году (Turkmenistan Altyn Asyr, 2025[34]). В 2024 году «зеленый» переход стал первым направлением страновой стратегии Азиатского банка развития по Туркменистану на 2024–2028 годы, что является хорошим предзнаменованием для будущих действий в этом направлении (Asian Development Bank, 2024[35]). Тем не менее, согласно данным Международной обсерватории по выбросам метана Программы ООН по окружающей среде (ЮНЕП), в первой половине 2025 года Туркменистан занял первое место в мире по количеству зафиксированных выбросов метана (Рисунок 1.7).

Рисунок 1.7. Источники выбросов метана, зафиксированные ЮНЕП с января по июнь 2025 года

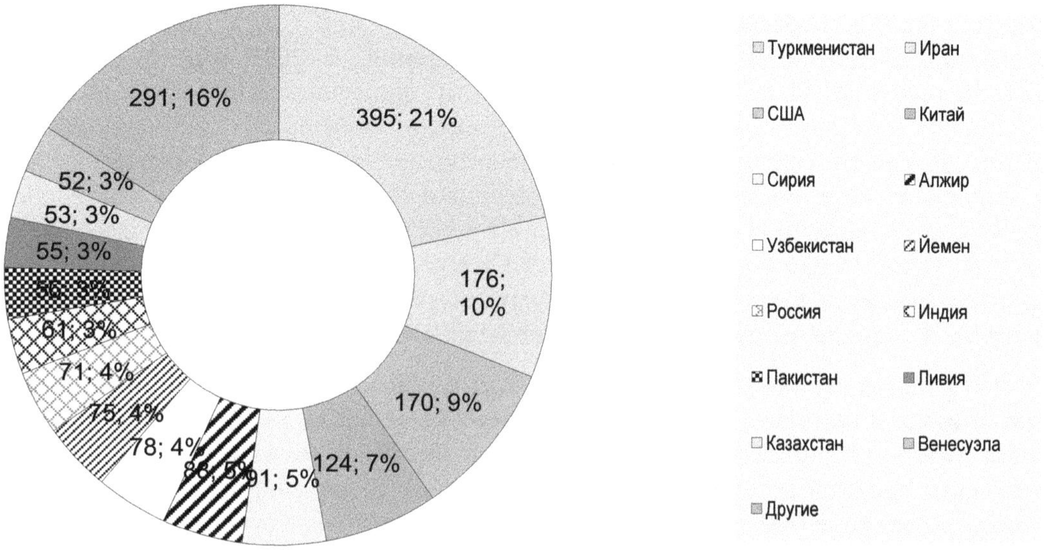

Примечание a): База данных ЮНЕП регулярно обновляется. Представленные здесь значения отражают ситуацию на начало июля 2025 года.

Примечание b): Данные на диаграмме соответствуют количеству зарегистрированных выбросов метана, за которым следует их доля в общемировом масштабе.

Примечание c): Все страны, в которых количество зарегистрированных выбросов метана было равно или ниже 50, объединены в категорию «Другие».

Источник: (International Methane Emissions Observatory, 2025[36])

ЕС поддерживает правительство в «озеленении» экономики. ЕС запустил программу по развитию «зеленой» экономики в Туркменистане под названием «ЕС для «зеленого» Туркменистана: политический диалог и действия по борьбе с изменением климата 2024–2028». Проект реализуется Немецким обществом международного сотрудничества (GIZ) и финансируется ЕС и Германией. Цель проекта — наладить продуктивный диалог между Туркменистаном и ЕС путем «содействия использованию возобновляемых источников энергии и повышению энергоэффективности за счет сокращения выбросов метана и парниковых газов, наращивания национального потенциала и повышения осведомленности общественности, с особым акцентом на женщин и молодежь» (Green Central Asia, 2024[37]).

Туркменистан обладает нереализованным потенциалом в области производства «зеленой» электроэнергии, однако это требует значительных инвестиций и времени. До 40% территории страны считается пригодной для выработки энергии из ветра, а интенсивность солнечного света, по оценкам, достаточна для производства около 70 миллиардов тонн нефтяного эквивалента энергии в год. Правительство объявило о строительстве гибридной солнечно-ветровой электростанции мощностью 10 мегаватт в Гызыларватском этрапе, но неясно, введен ли проект в эксплуатацию (Altyn Asyr, 2024[38]; UNDP, 2019[39]).

Ключевыми особенностями политики экономического развития Туркменистана являются прямая поддержка отечественной промышленности и стратегия импортозамещения

Постепенная отмена прямых субсидий может повысить конкурентоспособность экономики

Правительство реализовало ряд целевых мер для поддержки отечественной промышленности и развития импортозамещения. В 2015 году в рамках государственной программы была поставлена цель нарастить производственные мощности для улучшения экспортных показателей и импортозамещения в нескольких секторах экономики, таких как обрабатывающая промышленность, сельское хозяйство и химическая промышленность (Turkmenistan Altyn Asyr, 2015[40]). За прошедшие годы это привело к увеличению производства различных товаров; при этом наибольший прогресс был достигнут в таких секторах, как овощи (+8,4%), хлопчатобумажные ткани (+27,1%) и хлопчатобумажная пряжа (+46,7%) (Orient, 2025[41]). Представители правительства также упоминали о значительном увеличении производства колбасных изделий, а также моющих и чистящих средств.

Правительство также ввело контроль над ценами на товары первой необходимости для стабилизации цен и стимулирования отечественного производства, и в дополнение к этому инвестировало значительные средства в промышленные проекты. В попытке снизить инфляцию правительство прибегло к контролю над ценами на основные продукты, в основном с помощью субсидий (ADB, 2024[42]). Однако, неизбирательные субсидии и контроль над ценами, как правило, могут повлечь за собой высокие фискальные издержки и не обеспечивают эффективной поддержки наиболее уязвимых слоев населения (World Bank Policy Research Working Paper, 2020[43]).

Эти усилия принесли некоторые положительные результаты: по последним имеющимся данным, добавленная стоимость в обрабатывающей промышленности Туркменистана в 2022 году составила 14% от ВВП (Government of Turkmenistan, 2023[44])**.** Хотя этот показатель несколько ниже среднемирового уровня и показателей стран ОЭСР, он сопоставим со многими странами с развивающейся экономикой и указывает на потенциал роста в сфере диверсификации и модернизации промышленности. Промышленный сектор, включая строительство, является одним из основных факторов роста: сообщается, что добавленная стоимость в промышленности в 2022 году составила 23,9 миллиарда долларов США (World Bank, 2024[45]).

Однако, эффективность стратегий импортозамещения подвергается серьезным сомнениям. Туркменистан прибегает к протекционистским мерам для поддержки производства (Business Turkmenistan, 2024[46]). Например, государство ограничивает конкуренцию для местных производителей со стороны импорта, лишая импортеров конкурентных товаров доступа к иностранной валюте или повышая ввозные пошлины (EBRD, 2019[47]). Такой подход может привести к негативным последствиям, таким как неэффективное распределение ресурсов и дефицит, снижение конкурентоспособности и инноваций, ухудшение качества продукции, рост затрат и цен, что оказывает очевидное негативное влияние на потребителей и потенциальных инвесторов (Cherif and Hasanov, 2024[48]) (Baldwin, 2000[49]).

Развитие частного сектора сдерживается деловой средой, которая сталкивается с вызовами

Деловая среда в Туркменистане остается сложной, особенно для частных и иностранных предприятий. Валютный контроль (Вставка 1.5) и проблемы с правами собственности ограничивают ведение деятельности. Более того, разногласия по поводу надежности экономических данных препятствуют принятию обоснованных решений и подрывают доверие инвесторов (Вставка 1.1). Результаты консультаций по Статье IV соглашения МВФ за 2025 год подтверждают, что правительство предприняло некоторые усилия для улучшения делового климата, но при этом отмечается, что сохраняются существенные барьеры, такие как бюрократия, коррупция, трудности доступа к иностранной валюте и непрозрачная правовая база (IMF, 2025[50]).

Вставка 1.5. Валютный контроль в Туркменистане

Конвертация валюты в Туркменистане регулируется государством. Официальные механизмы конвертации туркменского маната (ТМТ) в доллары США (или другую иностранную валюту) уже давно находятся под государственным контролем. Контроль был усилен в середине 2010-х годов. С 2016 года Центральный банк Туркменистана ввел жесткие ограничения на доступ к иностранной валюте, ограничив обмен манатов на доллары США. Доступ к долларам США разрешен в первую очередь уполномоченным лицам или организациям и порой зависит от определенных обстоятельств, таких как использование транзакций в интернете (U.S. Department of State, 2016[51]). Также, по-видимому, существуют отраслевые различия в доступе к иностранной валюте, что отражает приоритеты государственной политики.

Валютный режим подкрепляется другими инструментами политики. Как и во многих других юрисдикциях, предприятия, работающие в Туркменистане, как правило, обязаны проводить международные операции преимущественно в национальной валюте, что вынуждает предприятия конвертировать свои валютные доходы в манаты. Более того, для репатриации прибыли или дивидендов, полученных в Туркменистане, предприятиям или инвесторам необходимо предоставить в Государственный банк внешнеэкономической деятельности необходимую документацию, такую как подтверждение уплаты налогов, финансовую отчетность и доказательства происхождения средств. Эти требования направлены на борьбу с мошенничеством, уклонением от уплаты налогов и отмыванием денег, но они также усложняют обход правил валютного обмена.

Эти меры контроля фактически способствовали развитию системы двойного обменного курса. Официальный обменный курс, установленный Центральным банком с 2015 года на уровне 3,5 ТМТ за доллар США, сосуществует с неофициальным (параллельным) курсом, который значительно выше — как правило, в четыре-пять раз. Обмен валюты вне официальных каналов запрещен Кодексом Туркменистана «Об административных правонарушениях», хотя его соблюдение, по-видимому, редко контролируется. В то время как многие предприятия успешно работают в рамках существующих договоренностей, существование системы двойного обменного курса отмечается как причина экономических искажений, препятствующих развитию частного сектора и усложняющих торговлю (U.S. Department of State, 2024[52]).

Эти правила создают трудности для работающих в Туркменистане предприятий, особенно при репатриации прибыли и управлении международными финансовыми обязательствами, что отмечается как барьер для иностранных инвестиций и хозяйственной деятельности (U.S. Department of State, 2024[52]). Неравные условия доступа к иностранной валюте также ставят под угрозу любые попытки обеспечить справедливые условия для конкуренции. Помимо этого, правила валютного обмена могут отпугнуть потенциальных иностранных инвесторов (или даже местных инвесторов, ориентированных на экспортные рынки), препятствуя их выходу на рынок, поскольку одно из условий инвестирования — определенность в вопросах репатриации прибыли и трансграничных операций.

Как показал данный обзор, Туркменистан добился прогресса в реформировании некоторых ключевых направлений государственной экономической политики. В частности, был отмечен новый стимул в развитии частного сектора, однако существуют возможности для дальнейших улучшений. Реформы должны быть направлены на снижение доминирующей роли государства в экономике и повышение прозрачности статистических данных и методов управления. Кроме того, решающее значение будут иметь развитие частного сектора и повышение эффективности государственных расходов, в частности, посредством адресных социальных программ. Это особенно важно в свете проблем, с которыми сталкиваются туркменские трудовые мигранты, пострадавшие от отмены безвизового режима с Турцией (EIU, 2024[53]; Ministry of Foreign Affairs of Turkmenistan, 2022[54]). В данном отчете рассматриваются последние изменения в деловой (Глава 2) и инвестиционной (Глава 3) среде Туркменистана на основе опросов, проведенных представителями ОЭСР, анализируются достижения последних лет, отмечаются области, требующие улучшений, и предлагаются рекомендации по их устранению.

1.5. Основные цели отчета

Данный отчет основан на результатах опроса руководителей частных предприятий, проведенного представителями ОЭСР, с целью оценки прогресса и выявления текущих проблем в деловой среде страны с точки зрения местных частных предприятий. Отражая глубокую аналитику, собранную на уровне предприятий, отчет дает полное представление об условиях хозяйствования и проливает свет на практический опыт и проблемы частных предприятий в Туркменистане. Этот анализ помогает выявить ключевые барьеры и возможности, которые определяют развитие частного сектора.

Далее, в отчете рассматриваются стратегии по привлечению диверсифицированных иностранных инвестиций с особым акцентом на потенциальное создание Агентства по продвижению инвестиций (АПИ). Учитывая важность прямых иностранных инвестиций для стимулирования инноваций, создания рабочих мест и экономической диверсификации, АПИ может сыграть ключевую роль в позиционировании Туркменистана как привлекательного направления для инвестиций. Предлагая индивидуальные рекомендации и освещая передовой опыт стран ОЭСР, отчет призван поддержать усилия по привлечению и содействию инвестициям с целью повышения конкурентоспособности страны.

Источники

ADB (2024), *Annex 1 to Country Partnership Strategy: Turkmenistan, 2024–2028: Inclusive and Sustainable Growth Assessment*, https://www.adb.org/sites/default/files/linked-documents/cps-tkm-2024-2028-isga.pdf (accessed on 28 February 2025). [42]

Altyn Asyr (2024), *Возобновляемая энергетика одна из основ экономики будущего*, https://turkmenistan.gov.tm/ru/post/89034/vozobnovlyaemaya-energetika-odna-iz-osnov-ekonomiki-budushchego (accessed on 20 January 2025). [38]

Asian Development Bank (2024), *Turkmenistan, 2024-2028 - Transformation into a More Sustainable, Climate Resilient, and Competitive Economy*, https://www.adb.org/sites/default/files/institutional-document/986916/cps-tkm-2024-2028.pdf (accessed on 20 January 2025). [35]

Baldwin, R. (2000), *"Trade and Growth: Still Disagreement about the Relationships"*, OECD Publishing, https://doi.org/10.1787/768732688342. [49]

Balkan Shipyard (2024), *Turkmenistan plans to build a new "Sarahs-Mary-Serhetabat" high-speed highway*, https://balkanshipyard.com.tm/?p=5540&lang=en (accessed on 4 July 2025). [27]

Bayar, Ö. and L. Gogoberishvili (2023), *Reassessing GDP Growth in Countries with Statistical Shortcomings: A Case Study on Turkmenistan (WP/23/207)*, IMF Working Papers, https://www.imf.org/en/Publications/WP/Issues/2023/09/29/Reassessing-GDP-Growth-in-Countries-with-Statistical-Shortcomings-A-Case-Study-on-539482 (accessed on 16 July 2025). [9]

Business Turkmenistan (2024), *Turkmenistan Approves State Program For Biotechnology Development 2024-2028*, https://business.com.tm/post/12259/turkmenistan-produces-paper-from-agricultural-textile-waste (accessed on 27 February 2025). [46]

Business Turkmenistan (2024), *Turkmenistan Continues Preparation for WTO Membership*, https://www.business.com.tm/post/12759/turkmenistan-continues-preparation-for-wto-membership (accessed on 16 January 2025). [22]

Caspian News (2023), *Russia Consents to Turkmenistan Joining North-South Corridor Agreement*, https://www.railfreight.com/railfreight/2023/07/17/turkmenistan-officially-joins-the-instc/ (accessed on 25 Ferbuary 2025). [24]

Cherif, R. and F. Hasanov (2024), *The Pitfalls of Protectionism: Import Substitution vs. Export-Oriented Industrial Policy*, IMF Working Papers, https://www.elibrary.imf.org/view/journals/001/2024/086/article-A001-en.xml. [48]

EBRD (2023), *Regional Economic Prospects - Getting By: high inflation weighs on purchasing power of households*. [28]

EBRD (2019), *Turkmenistan Diagnostic*, https://www.ebrd.com/content/dam/ebrd_dxp/assets/pdfs/country-strategies/turkmenistan/Turkmenistan-Private-Sector-Diagnostic.pdf (accessed on 21 July 2025). [47]

Economist Intelligence Unit (2024), *One-click report : Turkmenistan*, https://viewpoint.eiu.com/analysis/geography/XG/TM/reports/one-click-report (accessed on 13 December 2024). [10]

EIU (2024), *Briefing sheet: Turkmenistan*, https://viewpoint.eiu.com/analysis/geography/XG/TM/reports/one-click-report (accessed on 5 January 2025). [53]

Gogoberishvili, L. and Ö. Bayar (2023), "Reassessing GDP Growth in Countries with Statistical Shortcomings - A Case Study on Turkmenistan", *Working Paper* 207, https://doi.org/10.5089/9798400256646.001. [5]

Government of Turkmenistan (2023), *Voluntary National Review of Turkmenistan: on the progress of implementation of the Global Agenda for Sustainable Development*, https://sdg.stat.gov.tm/books/new_2023_en.pdf. [44]

Green Central Asia (2024), *EU for a green Turkmenistan: official kick-off meeting*, https://greencentralasia.org/en/2024/09/eu-for-a-green-turkmenistan-official-kick-off-meeting/ (accessed on 20 January 2025). [37]

IMF (2025), *IMF Staff Completes 2025 Article IV Mission to Turkmenistan*, https://www.imf.org/en/News/Articles/2025/06/10/pr-25190-turkmenistan-imf-completes-2025-article-iv-mission (accessed on 10 July 2025). [50]

IMF (2025), *World Economic Outlook, April 2025*, https://www.imf.org/en/Publications/WEO/weo-database/2025/april/weo-report?c=916,917,923,925,927,&s=NGDPRPPPPC,&sy=2010&ey=2025&ssm=0&scsm=1&scc=0&ssd=1&ssc=0&sic=0&sort=country&ds=.&br=1 (accessed on 10 July 2025). [4]

IMF (2024), *IMF Staff Completes 2024 Article IV Mission to Turkmenistan*, https://www.imf.org/en/News/Articles/2024/04/15/pr24118-turkmenistan-imf-staff-completes-2024-article-iv-mission. [6]

IMF (2024), *World Economic Outlook Database, October 2024*, https://www.imf.org/en/Publications/WEO/weo-database/2024/October (accessed on 21 January 2025). [8]

International Methane Emissions Observatory (2025), *Eye on Methane Map*, https://methanedata.unep.org/map?mars=&company=&country=&cc=&sat=&limit=1000&pub=#mcoord=2.25/14.5/21.98 (accessed on 8 July 2025). [36]

International Trade Administration (2023), *Turkmenistan - Country Commercial Guide*, https://www.trade.gov/country-commercial-guides/turkmenistan-trade-barriers (accessed on 16 January 2025). [32]

ITC (2025), *List of products exported by Turkmenistan*, https://www.trademap.org/Product_SelCountry_TS.aspx?nvpm=1%7c795%7c%7c%7c%7cTOTAL%7c%7c%7c2%7c1%7c2%7c2%7c2%7c1%7c1%7c1%7c1%7c1 (accessed on 23 January 2025). [14]

ITC (2025), *Turkmenistan's steps toward WTO membership*, https://www.intracen.org/news-and-events/news/turkmenistans-steps-toward-wto-membership (accessed on 4 July 2025). [21]

Khadim, N. and M. Goddard (2024), *FDI and Investment Arbitration in Kazakhstan, Turkmenistan and Uzbekistan*, https://www.youngicca.org/voices/fdi-and-investment-arbitration-kazakhstan-turkmenistan-and-uzbekistan (accessed on 15 September 2025). [16]

Mejlis of Turkmenistan (2015), *Law on Investment Activity*, https://invest.gov.tm/norm/view?id=12. [17]

Ministry of Foreign Affairs of Turkmenistan (2024), *Prospects of Turkmenistan's accession to the World Trade Organization discussed*, https://www.mfa.gov.tm/en/news/4745 (accessed on 16 January 2025). [19]

Ministry of Foreign Affairs of Turkmenistan (2022), *STATEMENT for the mass media*, https://www.mfa.gov.tm/en/news/3299 (accessed on 10 July 2025). [54]

News Central Asia (2024), *Turkmenistan launched second section of the Ashgabat-Turkmenabad high-speed highway*, https://www.newscentralasia.net/2024/04/18/turkmenistan-launched-second-section-of-the-ashgabat-turkmenabad-high-speed-highway/ (accessed on 4 July 2025). [26]

Observatory of Economic Complexity (2025), *What does Turkmenistan export? (2012, 2013, 2014, 2015, 2016, 2017, 2018, 2019, 2020, 2021, 2022)*, https://oec.world/en/visualize/tree_map/hs92/export/tkm/all/show/2012.2013.2014.2015.2016.2017.2018.2019.2020.2021.2022 (accessed on 16 January 2025). [11]

OECD (2023), *Improving the Legal Environment for Business and Investment in Central Asia*, OECD Publishing, https://eu-cai.org/wp-content/uploads/2023/12/LEB-EN-PDF.pdf. [18]

OECD (2023), *Realising the Potential of the Middle Corridor*, OECD Publishing, https://www.oecd.org/en/publications/realising-the-potential-of-the-middle-corridor_635ad854-en.html. [23]

OECD (2023), *Trade Facilitation in Central Asia*, OECD Publishing, Paris, https://doi.org/10.1787/80ed999c-en. [25]

OECD (2014), *OECD Regional Outlook. Regions and Cities: Where Policies and People Meet*, OECD Publishing, https://www.oecd.org/content/dam/oecd/en/publications/reports/2014/10/oecd-regional-outlook-2014_g1g2efb4/9789264201415-en.pdf. [15]

OECD (forthcoming), *Enhancing the Competitiveness of the Trans-Caspian Transport Corridor in Central Asia*. [30]

Orient (2025), *Промышленность в цифрах: добыча углеводородов и рост производства товаров в Туркменистане*, https://orient.tm/ru/post/80983/promyshlennost-v-cifrah-dobycha-uglevodorodov-i-rost-proizvodstva-tovarov-v-turkmenistane (accessed on 28 February 2025). [41]

State Customs Service of Tukmenistan (2025), *Custom duties*, https://www.customs.gov.tm/en/customs-info/customs-fees/duties (accessed on 17 January 2025). [31]

State Customs Service of Turkmenistan (2024), *Features of the Single Window for Export-Import Operations in Turkmenistan*, https://customs.gov.tm/index.php/en/news/925 (accessed on 17 January 2025). [33]

Symeonidis, D. (2024), "Time for "Green" Extractives in Central Asia? How Turkmenistan can Become the Next Critical Raw Materials Powerhouse", *Geopolitical Report*, Vol. 40/8, https://www.specialeurasia.com/2024/03/21/turkmenistan-green-energy/ (accessed on 20 January 2025). [3]

Turkmenistan Altyn Asyr (2025), *Turkmenistan's achievements in reducing methane emissions announced at TESC 2025*, https://turkmenistan.gov.tm/en/post/95714/turkmenistans-achievements-reducing-methane-emissions-announced-tesc-2025#:~:text=The%20country%20has%20set%20an,Change%20and%20the%20Paris%20Agreement. (accessed on 8 July 2025). [34]

Turkmenistan Altyn Asyr (2024), *The GDP growth rate of Turkmenistan for four months of 2024 amounted to 6.3%*, https://turkmenistan.gov.tm/en/post/83340/gdp-growth-rate-turkmenistan-four-months-2024-amounted-63. [7]

Turkmenistan Altyn Asyr (2015), *Приняты госпрограммы по наращиванию экспорта и импортозамещения*, https://turkmenistan.gov.tm/ru/post/24244/prinyaty-gosprogrammy-po-naraschivaniyu-eksporta-i-importozamescheniya (accessed on 28 February 2025). [40]

Turkmenistan Golden Age (2025), *Turkmenistan announced a tender for the construction of three vessels with the support of international financial organizations*, https://turkmenistan.gov.tm/en/post/96776/turkmenistan-announced-tender-construction-three-vessels-support-international-financial-organizations#:~:text=international%20financial%20organizations-,Turkmenistan%20announced%20a%20tender%20for%20the%20constru (accessed on 21 July 2025). [29]

Turkmenistan Habarlary Portaly (2025), *Turkmenistan has become the main supplier of tomatoes to Kyrgyzstan*, https://turkmenistaninfo.gov.tm/news/9177 (accessed on 17 January 2025). [13]

Turkmenistan Habarlary Portaly (2024), *Turkmenistan increased tomato exports by 3%*, https://turkmenistaninfo.gov.tm/news/4829 (accessed on 17 January 2025). [12]

U.S. Department of State (2024), *2024 Investment Climate Statements: Turkmenistan*, https://www.state.gov/reports/2024-investment-climate-statements/turkmenistan/ (accessed on 17 April 2025). [52]

U.S. Department of State (2016), *2016 Investment Climate Statements : Turkmenistan*, https://2009-2017.state.gov/e/eb/rls/othr/ics/2016/sca/254495.htm (accessed on 16 July 2025). [51]

UNDP (2019), *Обзор перспектив развития возобновляемой энергетики в Туркменистане*, https://www.irena.org/-/media/Files/IRENA/Agency/Presentations/Regional-focus/2019/Aug/Saryev_Renewable-development-outlook-energy-Turkmenistan_2019.pdf (accessed on 20 January 2025). [39]

UNECE (2023), *UNECE trains Turkmenistan's government officials on regulatory and procedural trade measures as part of accession to WTO*, https://unece.org/media/news/380043 (accessed on 15 September 2023). [20]

World Bank (2025), *GDP (current US$) - Turkmenistan*, https://data.worldbank.org/indicator/NY.GDP.MKTP.CD?locations=TM (accessed on 27 January 2025). [1]

World Bank (2024), *Turkmenistan - Industry, value added*, https://data.worldbank.org/indicator/NV.IND.TOTL.CD?locations=TM. [45]

World Bank (2018), *The World Bank in Turkmenistan*, https://www.worldbank.org/en/country/turkmenistan/overview. [2]

World Bank Policy Research Working Paper (2020), *Price Controls: Good Intentions, Bad Outcomes*, https://documents1.worldbank.org/curated/en/735161586781898890/pdf/Price-Controls-Good-Intentions-Bad-Outcomes.pdf (accessed on 1 August 2025). [43]

Примечание

[1] Официальные данные Туркменистана указывают на более высокое значение – 68,7 миллиардов долларов США.

2 Данные по деловому климату Туркменистана

В данном разделе представлен обзор делового климата в Туркменистане, основанный на опросе частных предприятий, проведенном представителями ОЭСР, и на внешних источниках данных, в том числе проведенных сотрудниками ОЭСР интервью, а также общедоступной информации. В представленном анализе рассматриваются пять важнейших для бизнеса аспектов: процедуры по учреждению, потребности в рабочей силе, потребности в цифровизации, основы торговой политики и общие условия ведения бизнеса в целом. Полученные результаты свидетельствуют о заметном прогрессе в ряде областей, но также указывают на сохраняющиеся трудности. В заключение приводятся рекомендации по разработке мер, направленных на решение этих задач.

Введение

В данной главе представлен обзор делового климата в Туркменистане, основанный на данных, собранных представителями ОЭСР в конце 2024 года. На основе опроса, проведенного среди предприятий частного сектора (Вставка 2.1), сотрудники ОЭСР оценили текущий прогресс и выявили существующие вызовы для делового климата Туркменистана. Сотрудники ОЭСР провели комплексную оценку результатов опроса, опираясь на мнение различных заинтересованных сторон. Дополнительная информация была получена в ходе серии интервью с партнерами по развитию и иностранными инвесторами. При этом правительство предоставило данные о политическом курсе и планах в ответ на письменный опросник, направленный представителями ОЭСР. Данная глава содержит анализ деловой среды и развития частного сектора в Туркменистане на уровне отдельных компаний, основанный на восприятии предпринимателей. Особое внимание уделяется оперативной среде для ведения бизнеса.

Вставка 2.1. Профиль респондентов

В опросе приняли участие представители 30 предприятий, работающих в Туркменистане, в том числе 27 местных и трех европейских. Анкета состоит из 35 вопросов, сгруппированных по пяти тематическим разделам: деловой климат в целом, оперативные условия, торговая политика и вступление в ВТО, поддержка бизнеса и экономические перспективы. Это дало ценную возможность получить оценки деловой среды и развития частного сектора в Туркменистане на уровне предприятий. Рисунок 2.1 представляет обзор опрошенных предприятий по размеру, возрасту и видам деятельности. Опрос не охватывал предприятия, которым не удалось выйти на туркменский рынок.

Рисунок 2.1. Характеристика опрошенных предприятий

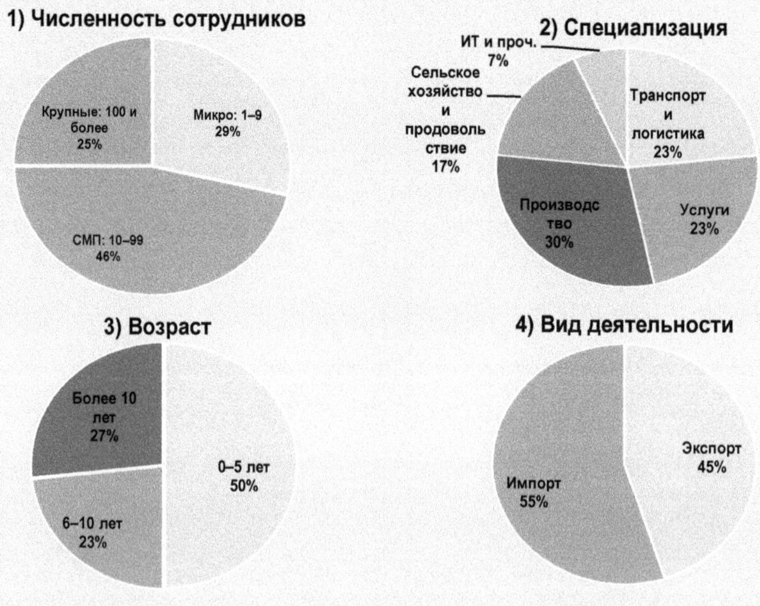

Источник: ОЭСР.

В этой главе последовательно излагаются краткие сведения об экономике страны и основных факторах роста, после чего следует тематический анализ, основанный на опросе, проведенном представителями ОЭСР. В разделах представлены конкретные рекомендации по разработке нормативных документов по следующим направлениям: условия выхода на рынок для новых предприятий, развитие человеческого капитала, цифровизация, торговая политика и сложности в ведении бизнеса, с которыми сталкиваются предприятия на туркменском рынке.

Руководители предприятий выражают сдержанный оптимизм, но сопутствующие данные свидетельствуют о наличии трудностей

Почти половина опрошенных предприятий выразили уверенность в том, что деловой климат в их области деятельности стремительно меняется в лучшую сторону. Этот оптимизм отражается в значительном росте численности сотрудников: по словам представителей предприятий, рост найма составил от 20% до 50%. Двадцать одно предприятие сообщило об увеличении оборота за последние два года, при этом некоторые оценили рост в 15–20%. Ключевыми факторами роста стали расширение экспорта и увеличение продаж в интернете. Эти позитивные тенденции могут объяснить интерес, который проявляют экспортеры к инвестиционным возможностям внутри страны: почти 37% указали, что они «рассматривают возможность» инвестирования (Рисунок 2.2).

Рисунок 2.2. Как бы вы оценили динамику делового климата с 2022 года?

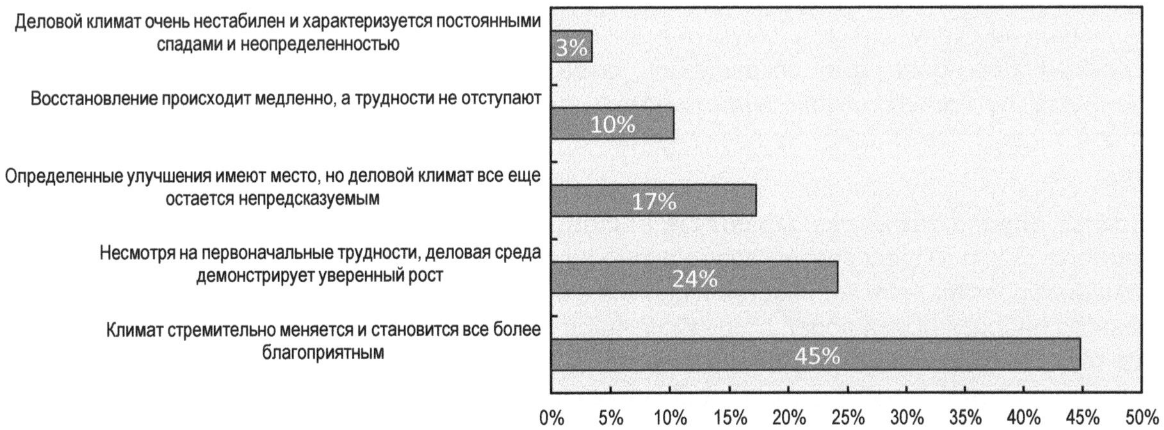

Источник: Опрос ОЭСР по оценке делового климата в Туркменистане (2024 г.)

Лишь небольшое число предприятий сообщили, что вести деятельность в Туркменистане очень сложно или в какой-то мере сложно. Шестнадцать процентов респондентов выделили в качестве ключевых проблем внешние факторы, такие как «изменения в глобальной среде», особенно это касается предприятий, зависящих от импорта. Хотя и были отмечены бюрократические сложности, такие как таможенные процедуры, ответы респондентов показывают, что предприятия приспособились к этим трудностям и планируют свою деятельность с учетом ожидаемых задержек и этапов прохождения бюрократических процедур.

Тема 1: Открытие бизнеса

Участники опроса оценили сложность открытия бизнеса как умеренную, при этом вызовы различались в зависимости от отрасли, в которой ведет деятельность респондент

С 2022 года в Туркменистане наблюдается рост предпринимательства. Согласно данным, предоставленным правительством Туркменистана, в 2023 и 2024 годах было зарегистрировано, соответственно, 823 и 1016 новых индивидуальных предпринимателей, при этом за тот же период было учреждено, соответственно, 248 и 255 хозяйственных общества (объединений двух или более физических или юридических лиц).

Большинство участников опроса считают, что процедуры открытия бизнеса имеют умеренную сложность (Рисунок 2.3**).** Для этого требуется только подать заявление в налоговую службу и получить патент. При этом некоторые респонденты указали, что смогли завершить процесс за три дня. Тем не менее, преобладает смешанное отношение: одни отмечают, что процедуры сами по себе просты, другие же считают бюрократические сложности серьезным вызовом или указывают, что не все процедуры можно пройти в электронном виде. Оценки времени, которое требуется для открытия предприятия, варьируются от недели до 20 дней.

Представители деловых кругов упомянули трудности, связанные с большим объемом документации, необходимым для получения лицензий. Процесс согласования документов может занять от четырех месяцев до полугода. Некоторые респонденты сообщили, что процесс стал проще, так как отдельные консалтинговые и юридические фирмы теперь имеют право предоставлять помощь в регистрации. Сам факт того, что поставщики дорогостоящих профессиональных услуг считают такую деятельность прибыльной, говорит о том, что существует значительный потенциал для сокращения затрат времени и денег. Также высказывалась озабоченность по поводу необходимости иметь значительные средства для запуска бизнеса, однако это касается, вероятно, не всех отраслей, поскольку респонденты упоминали этот факт нечасто.

Результаты опроса также указывают на вызовы, возникающие из-за небольшого объема внутреннего рынка. Предприятия сообщают о «демографическом вопросе», т.е. сложностях с привлечением достаточного количества клиентов в определенных отраслях экономики, что требует тщательного анализа рынка перед открытием предприятия. Один из респондентов сказал, что это «всегда трудно». Несколько респондентов указали, что сложнее всего запустить промышленное предприятие — из-за необходимости обеспечения поставок сырья и приобретения машин и оборудования за границей, а также из-за необходимости обеспечить потребительскую базу.

В качестве благоприятных факторов были названы меры государственной поддержки. Респонденты указали, что государство предоставляет различные формы помощи, в том числе кредиты. Некоторые упомянули, что государство даже предлагает обучение, необходимое для получения патента, обычно в виде трехдневного курса.

Рисунок 2.3. Как бы вы оценили сложность открытия бизнеса?

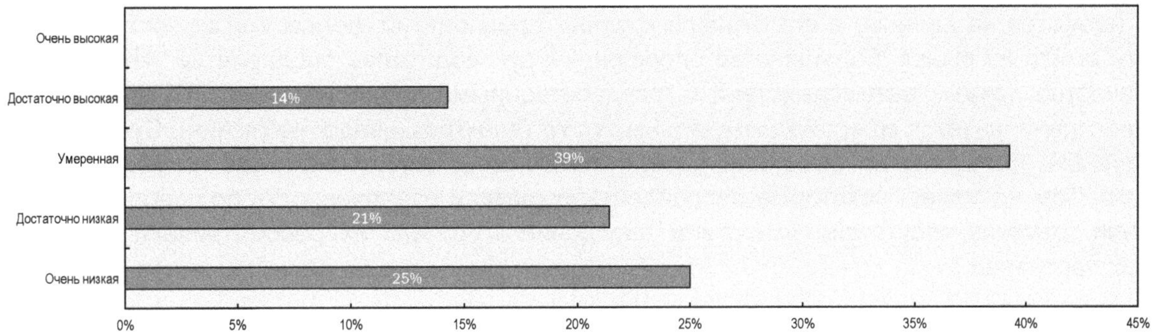

Источник: Опрос ОЭСР по оценке делового климата в Туркменистане (2024 г.)

Правительство ввело несколько механизмов для поддержки новых предприятий. В соответствии с Законом Туркменистана «О государственной поддержке малого и среднего предпринимательства» (Mejlis of Turkmenistan, 2023[1]), МСП пользуются преференциальными таможенными тарифами (Business Turkmenistan, 2021[2]). Предприятия, ведущие деятельность в первичном секторе экономики, могут получить кредиты на приобретение необходимого оборудования (бульдозеров, ирригационных трубопроводов) под 1% годовых на срок до 10 лет и на ведение сельскохозяйственной деятельности под 5% годовых на такой же срок (State Bank of Turkmenistan for Foreign Economic Activity, 2025[3]). Для других видов деятельности — открытия своего дела физическими лицами и расширения существующего бизнеса — годовая ставка, похоже, составляет 7% (State Bank of Turkmenistan for Foreign Economic Activity, 2025[4]). В своем ответе на вопросник ОЭСР правительство также упомянуло два президентских указа 2021 года. Первый позволяет подать заявку на кредит размером до 500 минимальных заработных плат под 5% годовых на семь лет с двухлетним льготным периодом без необходимости создания юридического лица. Второй предоставляет местным предприятиям, предоставляющим цифровые продукты, специальные пятилетние кредиты под 2%.

Уровень конкуренции оценивается как удовлетворительный, но такие оценки следует трактовать осторожно, учитывая ограниченное знакомство с реальной рыночной динамикой

Опросы, проведенные сотрудниками ОЭСР среди иностранных компаний, не выявили единого мнения об уровне конкуренции на рынке. Почти половина респондентов считают, что конкурентная среда благоприятна для нового бизнеса, а процесс выхода на рынок относительно прост и понятен. При этом почти треть опрошенных отметила наличие определенных ограничений конкуренции и барьеров входа. Высказывалась озабоченность по поводу «демпинга» в сфере логистики: новые предприятия, по словам респондентов, часто предлагают более низкие цены для привлечения клиентов. Представители предприятий отметили, что поначалу это может показаться выгодным для потребителей, однако в дальнейшем такая практика может привести к снижению качества услуг и финансовым трудностям для существующих поставщиков логистических услуг. Преобладающая деловая среда все же оставляет пространство для рыночных практик, и руководители предприятий порой путают истинный демпинг, т.е. продажу ниже себестоимости, с законными стратегиями конкурентного ценообразования.

Малые и средние предприятия (МСП) Туркменистана ощущают присутствие доминирующих игроков, но, как представляется, это для них не всегда проблема. В то время как некоторые респонденты указали, что присутствие государственных предприятий (ГП) не ограничивает их деятельность, другие подчеркнули положительный аспект наличия на рынке значительного количества как уже устоявшихся предприятий, так и новых игроков. Как отметил один из участников опроса, несмотря на наличие в его отрасли крупных предприятий, более мелкие «по-прежнему» способны выйти на рынок. Большинство опрошенных руководителей предприятий указали на то, что количество прямых взаимодействий с государственными предприятиями (ГП) невелико и в основном ограничивается сферой коммунальных услуг (электро- и водоснабжения). Среди тех, кто работал с ГП, большинство выразили удовлетворенность, охарактеризовав их как надежных партнеров. Тем не менее, некоторые респонденты выразили озабоченность по поводу неравных отношений, отметив отсутствие ясности и ощущение того, что их рассматривают как менее значимых партнеров.

Рисунок 2.4. Как вы воспринимаете уровень конкуренции в вашей отрасли?

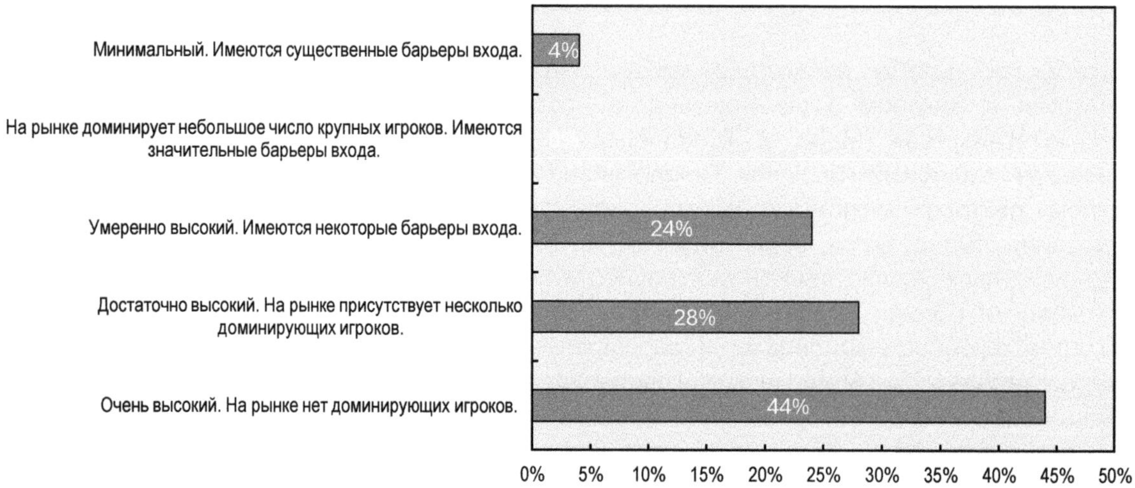

Источник: Опрос ОЭСР по оценке делового климата в Туркменистане (2024 г.)

Тем не менее, другие источники данных позволяют предположить, что для усиления конкуренции можно сделать больше, поскольку в Туркменистане отсутствует всеобъемлющее законодательство по вопросам конкуренции и соответствующая правоприменительная практика. Хотя некоторые положения, касающиеся конкуренции, можно найти в Законе Туркменистана «О предпринимательской деятельности» (Mejlis of Turkmenistan, 2018[5]) и в статье 17 Закона «О государственной поддержке малого и среднего предпринимательства» (Mejlis of Turkmenistan, 2023[1]), участники интервью отметили, что законодательство о конкуренции остается слабо проработанным. Нет доступной информации о каком-либо правительственном обзоре конкурентной среды страны или о судебных делах, связанных с конкуренцией (U.S. Department of State, 2024[6]). Хотя существуют некоторые общие положения, запрещающие монополистическую деятельность и недобросовестную конкуренцию, они не являются исчерпывающими и не затрагивают, к примеру, вышеупомянутый демпинг. Ситуация с законодательством о конкуренции является частью более широкой обеспокоенности, связанной с последовательностью, прозрачностью и применением законодательства, регулирующего ведение бизнеса (U.S. International Trade Administration, 2023[7]). Отсутствие специальной правовой базы может мешать властям бороться с антиконкурентным поведением и обеспечивать равные условия для всех предприятий, работающих в стране.

Предприятия в целом сообщают о благоприятных макрофинансовых условиях, но оценки доступности кредитных средств разнятся

Предприятия характеризуют финансовую среду как относительно устойчивую, отмечая стабильные обменные курсы и управляемую инфляцию в течение последних двух лет. Большинство респондентов считают неформальный обменный курс менее проблематичным, чем в предыдущие годы: с 2016 года он в основном оставался стабильным на уровне 19,5 маната, что позволяет более уверенно планировать деятельность.

Тем не менее, руководители предприятий по-разному характеризуют свой опыт получения кредитов. С одной стороны, правительство предлагает существенную поддержку, например, бесплатную аренду земли сроком на 99 лет для сельскохозяйственных предприятий и льготное налогообложение для данной отрасли. С другой стороны, банки в основном предоставляют кредиты конкретным отраслям, таким как сельское хозяйство, в то время как другие предприятия, например в сфере розничной торговли импортными товарами, сталкиваются с трудностями при получении кредитов. Решение ситуации с кредитными ограничениями и совершенствование финансовых механизмов позволит еще больше улучшить деловой климат и инвестиционный потенциал Туркменистана.

Основные сложности: высокие процентные ставки, жесткие требования и длительные процедуры оформления документов. Некоторые предприятия выразили недовольство тем, что стоимость залогового имущества в процессе получения кредита, по их словам, занижается. Руководители предприятий выражают надежду на будущие соглашения, которые откроют новые инвестиционные возможности и простимулируют производство.

Рекомендации

Рекомендация 1.1: рассмотреть возможность снижения регуляторной нагрузки для регистрации новых предприятий

Руководители предприятий сообщили, что основная сложность при открытии нового бизнеса связана с требованиями к документации, выполнение которых может занять много времени. Можно предложить несколько решений для снижения регуляторной нагрузки. Рекомендация Совета ОЭСР от 2024 года по ориентированным на человека публичным административным услугам, предлагает внедрение «принципа однократности», означающего, что гражданам не требуется предоставлять одну и ту же информацию снова и снова в разные государственные органы (OECD, 2024[8]). Этот шаг может быть дополнен консолидацией процедур подачи документов путем создания «одного окна» для предприятий, чтобы они могли выполнять все свои процедуры в одном месте.

Рекомендация 1.2: разработать систему регулирования конкуренции для содействия равному доступу к рынку

Туркменистан может рассмотреть возможность дальнейшего развития своей системы регулирования конкуренции, чтобы обеспечить надлежащее функционирование рынка и предотвращать ущерб конкуренции. Хотя в законодательстве Туркменистана есть положения о конкуренции, они пока не преобразованы в четкую и последовательную политику. Надежная система регулирования конкуренции необходима для выявления и устранения правил, ограничивающих конкуренцию, что, в свою очередь, способствует повышению эффективности функционирования рынка и росту экономики. Правительствам необходимо осознавать, какие правила наносят ущерб конкуренции, чтобы корректировать политику в сфере регулирования и способствовать защите надлежащего функционирования рынка. Рекомендация Совета ОЭСР по оценке уровня конкуренции подчеркивает важность привлечения должностных лиц с опытом в области конкуренции к регулярным оценкам государственной политики при анализе ее эффективности или разработке новых мер (OECD, 2019[9]). Регулярные оценки уровня конкуренции помогают выявлять барьеры входа, монопольное положение и другие несправедливые преимущества, а также пробелы в регулировании, которые могут препятствовать конкурентоспособности и росту МСП. Правительство также может рассмотреть возможность оценки стоимости преференциального режима и субсидий, предоставляемых ГП.

Вставка 2.2. Рекомендация Совета ОЭСР по оценке уровня конкуренции

Рекомендация Совета ОЭСР по оценке уровня конкуренции содержит перечень рекомендаций для правительства по разработке эффективной политики в области конкуренции. Она состоит из трех основных частей:

- **Выявление существующих или предлагаемых нормативных документов, неоправданно ограничивающих конкуренцию**: правительствам следует внедрить процедуру выявления нормативных документов, ограничивающих конкуренцию, и гарантировать, что исключения будут делаться только в целях реализации общественных интересов государства, а регулирующие органы и нормативные документы, направленные на содействие конкуренции, не будут наносить ей ущерба.
- **Пересмотр нормативных документов, неоправданно ограничивающей конкуренцию**: правительствам следует внедрить процедуры пересмотра как существующих, так и предлагаемых нормативных документов, неоправданно ограничивающих конкуренцию, а также стремиться к принятию стимулирующих конкуренцию альтернатив, если оценка соответствующих затрат и выгод от их внедрения окажется положительной.
- **Институциональная структура**: правительствам следует проводить оценки уровня конкуренции как часть анализа нормативных документов и принимать во внимание его результаты при разработке новых нормативных документов.

Источник: (OECD, 2019[9])

Рекомендация 1.3: разработать многоотраслевую целевую стратегию поддержки бизнеса, которая обеспечивает равный доступ к кредитованию независимо от сферы деятельности

Правительству следует разработать и реализовать комплексную, целевую стратегию поддержки бизнеса, которая бы охватывала все аспекты и проблемы предпринимательства. Предлагаемая стратегия должна быть сосредоточена на повышении производительности труда и уровня инноваций во всех сферах хозяйственной деятельности путем предоставления решений, которые помогут предприятиям справиться с трудностями и реализовать свой потенциал. В качестве образца можно рассмотреть пример Чешской Республики, получивший положительную оценку в Индексе ОЭСР по кредитованию малых и средних предприятий (OECD, 2024[10]) и предпринимателей (OECD, 2024) (Вставка 2.3).

Вставка 2.3. Стратегия поддержки МСП в Чешской Республике на период 2021-2027 гг.

Стратегия поддержки малых и средних предприятий в Чешской Республике (2021–2027 гг.) строится вокруг нескольких тем, которые правительство сочло приоритетными:

- **Деловая среда**, определяющая общие цели.
- **Доступ к финансированию**, диверсификация источников кредитования МСП на всем протяжении их деятельности.
- **Доступ к рынкам**, направленный на поддержку чешских производителей с целью успешного освоения зарубежных рынков.
- **Рабочая сила, навыки и образование** с целью адаптации учащихся к потребностям рынка труда и обеспечения непрерывного доступа к дальнейшему образованию и развитию навыков.
- **Исследования, разработки и инновации** с целью помочь МСП реализовать их инновационный потенциал.
- **Цифровизация** с целью помочь МСП совершить цифровой переход.
- **Меры по стимулированию низкоуглеродной экономики и рационального использования ресурсов** посредством создания адекватного законодательного и кредитного механизма.

Стратегия также содержит положения о том, как она должна внедряться и управляться, а также раздел по мониторингу и оценке ее реализации.

Источник: (Ministry of Industry and Trade of the Czech Republic, 2021[11])

В Казахстане разработана законодательная база, которая может быть полезна для этих целей. Государственная программа поддержки и развития бизнеса «Дорожная карта бизнеса 2025» направлена на помощь предпринимателям по четырем основным направлениям, в числе которых поддержка предприятий, работающих в приоритетных отраслях экономики. Меры включают различные субсидии, например, снижение процентных ставок по кредитам, выдаваемым банками и лизинговыми компаниями, или по программам, обеспечивающим долгосрочную ликвидность, частичные государственные гарантии по банковским займам, предоставление государственных грантов и создание промышленных зон (Government of the Republic of Kazakhstan, 2022[12]).

Поскольку представители предприятий отмечают трудности с получением кредитов в некоторых отраслях, Туркменистан может рассмотреть возможность предоставления решений для доступа предприятий к дополнительным мерам финансовой поддержки. Например, Фонд развития предпринимательства «ДАМУ» в Казахстане использует механизм субсидирования кредитов, полученных предприятиями у сторонних банков в рамках «Единой комплексной программы» фонда. Ключевой особенностью этого механизма является его открытость и адаптируемость к каждому виду бизнеса, с корректировкой для каждого из них максимальной суммы и процентной ставки. В рамках механизма предоставляется помощь микропредприятиям (до 20 млн тенге), МСП (до 3 млрд тенге), крупным предприятиям (до 15 млрд тенге), а также сельским регионам и городам (до 1,5 млрд тенге). Также возможно предоставление до 5 млрд тенге через фондовый рынок. Процесс подачи заявок упрощен: заявки можно подавать через интернет (DAMU, 2025[13]).

Опрос выявил обеспокоенность предприятий по поводу уровня квалификации кадров

Результаты опроса подчеркивают значительный дефицит кадров в различных отраслях. В логистике была отмечена заметная нехватка специалистов по транспорту и мультимодальным перевозкам, особенно имеющих навыки обращения с опасными материалами. Промышленность испытывает трудности с поиском технологов на месте для производства специализированной продукции, такой как микросхемы и уходовая косметика, и часто прибегает к найму иностранных специалистов. Высококвалифицированные специалисты в области цифровых технологий часто привлекаются из-за рубежа.

Расширение производственных линий создало спрос на операторов, который превышает местное предложение. Согласно интервью ОЭСР и опросу предприятий частного сектора, креативные индустрии сталкиваются с нехваткой опытных специалистов, а сектор продаж и маркетинга страдает от нехватки квалифицированного персонала и соответствующих программ ВУЗов. В кондитерской промышленности предприятия вынуждены тратить средства на внутреннее обучение, чтобы компенсировать нехватку квалифицированной рабочей силы. В области финансовых услуг у работников также наблюдаются пробелы в знаниях, в частности, во владении основными инструментами, такими как бухгалтерское программное обеспечение 1С и иностранные языки. Нехватка кадров в различных отраслях указывает на необходимость целевых образовательных и учебных инициатив для устранения недостатка квалификации.

Данные выводы подтверждаются имеющимися данными о занятости молодежи и высшем образовании. По данным Азиатского банка развития, ВУЗы страны ежегодно могут принять только около 15% выпускников школ в начале 2020-х годов (ADB, 2023[14]). Ограниченный доступ к высшему образованию, вероятно, способствует нехватке квалифицированных кадров. Тем не менее, еще меньше выпускников школ получают среднеспециальное образование (Central Asia Program, 2025[15]), которое имеет решающее значение для подготовки необходимых технических специалистов. Кроме того, по некоторым оценкам, уровень безработицы среди молодежи (15–24 года) в 2024 году достиг 14,1% среди мужчин и 5,8% среди женщин, что говорит о необходимости дополнительных мер для интеграции молодежи в рынок труда (World Bank, 2025[16]).

Государственные органы предпринимают шаги для расширения доступа к образованию. Правительство уведомило ОЭСР, что в 2024 году 19,5% выпускников школ поступили в высшие учебные заведения в стране. Создание надлежащей системы профессионально-технического обучения включено в президентскую программу социально-экономического развития страны на 2022–2028 год с целью приведения ее к стандартам ЮНЕСКО в столице и областных центрах (велаятах). Упор делается на интеграцию уязвимой молодежи и повышение цифровых и технологических знаний и навыков учащихся (UNDP, 2023[17]). В Налоговый кодекс были внесены поправки с целью стимулирования молодых предпринимателей. Данная категория имеет право на 50-процентное снижение налоговой ставки в первый год работы и 25-процентное снижение во второй и третий годы осуществления деятельности. Та же трехлетняя система, с теми же преимуществами, используется для стимулирования найма молодых сотрудников. Владельцы бизнеса могут получить налоговые льготы, если не менее 75% их персонала составляют люди в возрасте до 35 лет.

Туркменские предприятия также внедряют различные стратегии для решения вызовов, связанных с наймом и удержанием персонала. К ним относятся: предложение более конкурентоспособной заработной платы для квалифицированных работников, предоставление возможностей для обучения и внедрение систем премирования. Кроме того, предприятия уделяют внимание прозрачности коммуникаций, регулярной обратной связи, признанию заслуг сотрудников, гибкости рабочего места и инвестициям в развитие персонала.

Рекомендации

Рекомендация 2.1: рассмотреть возможность разработки и расширения комплексных программ профессионального образования и обучения (ПОО)

Привлечение широкого круга заинтересованных лиц к любой реформе системы ПОО будет иметь решающее значение для ее соответствия потребностям работодателей. В докладе ОЭСР 2023 года «Создание систем профессионального образования и обучения, готовых к будущему» рассматривается задача выявления потребностей в навыках и вовлечения различных субъектов экономики в разработку учебных программ, адаптированных к экономическому контексту (Вставка 2.4).

Вставка 2.4. Предложения ОЭСР по созданию гибких систем ПОО

В докладе от 2023 года ОЭСР предоставила некоторые рекомендации с целью помочь правительствам и предприятиям в обеспечении надлежащего образования и обучения сотрудников. Это включает в себя использование данных о рынке труда, а также информации от социальных партнеров для получения более четкого представления о необходимых навыках.

- **Использование широкого спектра источников данных**, таких как опросы, данные о вакансиях и мониторинг выпускников, важно для постоянного понимания потребностей рынка труда. Проводимый образовательными учреждениями мониторинг выпускников требует от недавних выпускников предоставления учебному заведению различной информации, связанной с занятостью, такой как продолжительность поиска работы, уровень дохода, вид контракта, необходимые знания и навыки. Сбор такой обратной связи может помочь этим учреждениям адаптировать предложения к потребностям рынка труда.
- **Обеспечение доступности данных является ключом к информированию населения о перспективных новых сферах и позволяет своевременно получать информацию о возможностях повышения квалификации.** Среди рекомендованных передовых практик — публикация информации о нехватке кадров или росте спроса на работников по отдельным специальностям. Примером может служить список профессий с высоким спросом в Южной Африке.
- **Вовлечение социальных партнеров в разработку нормативных документов и программ** в области ПОО подразумевает предоставление профессиональным ассоциациям и профсоюзам более широкой роли в разработке ПОО. Например, в Новой Зеландии принято решение об учреждении шести советов по развитию рабочей силы (WDC), которые в настоящее время реорганизуются в шесть–восемь отраслевых советов по навыкам (ISB), каждый из которых соответствует определенной отрасли экономики. Каждый из них устанавливает стандарты ПОО в соответствии с потребностями соответствующей отрасли.
- **Разработка эффективных механизмов управления для привлечения социальных партнеров на различных уровнях** может, как в Швеции, иметь вид консультативных органов при правительстве, состоящих из работодателей, местных государственных служащих, учителей и региональных организаций, или, как в Норвегии, вовлечения

работодателей в программы стажировок, в рамках которых стажер приступает к работе после предварительного этапа обучения.

- **Создание более широких и качественных возможностей для обучения на рабочем месте**, например, путем разработки учебными заведениями индивидуальных учебных планов для стажеров и наличия специализированных преподавателей по ПОО, которые могут обучать наставников на предприятиях с целью совершенствования контроля во время стажировок, как это делается в Эстонии.
- **Кооперация между предприятиями в вопросах обучения**, как это практикуется в Бразилии, где предприятия в каждой отрасли делают определенный взнос в общий фонд, что позволяет совместно нести расходы на стажировки.
- **Субсидирование стажировок** путем прямого предоставления кредитов предприятиям, участвующим в этом процессе, как это делается в Австрии, или путем выплаты заработной платы стажерам, как это делается в Турции.
- **Повышение доступности и актуальности программ высшего профессионального и профессионально-технического образования** путем активного взаимодействия с работодателями. Это может принимать форму участия представителей частного сектора в советах высших учебных заведений, как это происходит во Франции, или прохождения практикующими специалистами частичной педагогической подготовки и передачи навыков студентам в рамках частичной занятости, как, например, в Испании.

Источник: (OECD, 2023[18])

Опыт стран ОЭСР показывает, что Союз промышленников и предпринимателей (СПП) и другие подобные организации могут играть решающую роль в выявлении пробелов в квалификации работников. Поскольку крайне важно согласовывать образовательные программы с отраслевым спросом и потребностями развития МСП, СПП мог бы, например, периодически опрашивать своих членов, чтобы определять их текущие потребности и представлять результаты правительству. Это могло бы способствовать разработке более актуальных нормативных документов по привлечению большего числа молодых людей на рынок труда и обучению квалифицированной рабочей силы, способной стимулировать инновации и экономический рост.

Рекомендация 2.2: рассмотреть возможность разработки и расширения комплексных программ обучения и подготовки в области предпринимательства (ОПП)

Туркменистан может также разработать комплексный подход к обучению и подготовке в области предпринимательства, чтобы помочь начинающим предпринимателям в открытии своего дела. Для того чтобы определить наиболее подходящие подходы, Туркменистан может обратиться к концептуальной системе программ обучения и подготовки в области предпринимательства (ОПП), разработанной Всемирным банком (Вставка 2.5), адаптировав ее при необходимости к потребностям предпринимателей и операторов. Более систематический подход принесет пользу предприятиям, так как будет предлагать решения, лучше приспособленные к их потребностям. Квалифицированные предприниматели и работники по-прежнему нуждаются в соответствующей экономической инфраструктуре и ресурсах, таких как хорошая цифровая инфраструктура, здоровый инвестиционный климат, рыночные возможности и доступ к кредитам (World Bank, 2014[19]).

Вставка 2.5. Концепция программ ОПП Всемирного банка

В Концепции предлагается оценивать потенциальные программы ОПП по четырем критериям.

Предпринимательское мышление

Этот критерий, охватывающий социально-эмоциональные навыки, а также широкое понимание мотивации и ожидаемого успеха, необходим для укрепления уверенности участников. Для этого программы должны быть направлены на развитие навыков для индивидуального (уверенность в себе, лидерство, творчество, вера в собственные силы и жизнестойкость) и группового (командная работа) профессионального роста. Также важно дать участникам позитивное видение предпринимательской деятельности, чтобы повысить привлекательность рабочих задач.

Способности к предпринимательству

Этот критерий, относящийся к технической стороне предпринимательской деятельности, сосредоточен на развитии технических навыков. Поскольку Концепция касается предпринимателей, она включает такие темы, как общие знания о бизнесе, информация об открытии и ведении бизнеса, управленческие навыки, оценка рисков и дополнительные отраслевые знания.

Предпринимательский статус

Этот критерий отражает то, как участники проявляют себя после обучения и усвоения новых установок и умений. Для людей, начинающих бизнес, это означает решение привлечь новый капитал, открыть новое предприятие, лучше управлять доходами и сбережениями.

Предпринимательская эффективность

В оценке эффективности вмешательства, четвертый критерий используется для анализа изменений, происходящих после обучения. Главным образом он оценивает количественные показатели, такие как увеличение прибыли и продаж, а также количество сотрудников и клиентов.

Источник: (World Bank, 2014[19])

Рекомендация 2.3: улучшить интеграцию молодежи в рынок труда путем доработки существующих нормативных документов

Системный подход к поддержке развития навыков и перехода от обучения к трудовой деятельности может повысить уровень занятости молодежи. В ОЭСР разработано руководство, специально направленное на создание профессиональных возможностей для молодежи. Общая структура, содержащая несколько рекомендаций, была изложена в «Рекомендациях Совета ОЭСР по созданию лучших возможностей для молодых людей» от 2022 года. «Инструментарий молодежной политики ОЭСР» от 2024 года разработан в качестве дополнения к этой структуре. В нем изложены четкие цели государственной политики, соответствующие индикаторы ОЭСР и тематические исследования, призванные помочь ведомствам в разработке долгосрочных комплексных стратегий (OECD, 2024[20]).

Вставка 2.6. Инструментарий молодежной политики ОЭСР

Инструментарий молодежной политики состоит из пяти компонентов, каждый из которых подразделяется на подробные рекомендации, содержащие различную информацию, актуальную для ведомств, ответственных за разработку политики, такую как обоснование поддержки молодежи, отзывы молодых людей, а также передовой международный опыт.

- **Навыки и компетенции.** Этот компонент нацелен на обучение во всех его аспектах, таких как доступ к обучению (в том числе во время трудоустройства) и препятствия на этом пути (в том числе финансовые ограничения), его содержание (в том числе цифровые навыки), гибкость учебной программы, благополучие учителей и учащихся, наличие оборудования, возможности для плавного перехода от обучения к трудовой деятельности, возможности адаптации для рано оставивших обучение, профориентация.
- **Поддержка молодых людей на рынке труда.** Этот компонент нацелен на рынок труда: стимулы для создания рабочих мест и улучшенную поддержку служб занятости, справедливую и безопасную среду на рабочем месте и равный доступ к предпринимательству (в том числе кредитование и налаживание контактов).
- **Социальная интеграция и благополучие молодежи.** Этот компонент посвящен финансовой поддержке молодежи, не имеющей достаточных средств для самостоятельной жизни; схемам налогообложения, которые должны быть спроектированы таким образом, чтобы не отбивать у людей желание (вновь) выходить на рынок труда; поддержке, оказываемой различными заинтересованными сторонами молодым людям, находящимся в неблагоприятном положении; доступному жилью для всех молодых людей; психическому и физическому здоровью.
- **Доверие молодежи к правительству и государственным институтам.** Этот компонент рекомендует расширять участие молодежи в демократических институтах и в процессе принятия решений с целью обеспечения инклюзивности, содействовать обмену опытом между поколениями (в том числе путем интеграции молодежи в государственный сектор), предоставлять возможности для гражданского участия.
- **Административный и технический потенциал для борьбы с возрастной дискриминацией.** Этот компонент направлен на отслеживание неравенства, с которым сталкиваются молодые люди, посредством улучшения сбора данных, принятия всеобъемлющего подхода к разработке политики, который будет учитывать влияние на молодежь, и обеспечения инклюзивных мер для всех возрастных групп.

Источник: (OECD, 2024[20])

Более того, важно внимательно следить за актуальностью налоговых льгот для предотвращения мошенничества. Хотя налоговые льготы могут служить хорошим стимулом для найма молодежи, они также могут побуждать бизнес злоупотреблять законодательством, создавая новые малые предприятия вместо того, чтобы развивать уже существующие. Данные стимулы нуждаются в скрупулёзном анализе для оптимизации расходования ресурсов. Важно исключить ситуации, когда финансовая поддержка лишь дублирует уже запланированные инвестиции и проекты. Необходимо также предотвратить возможность злоупотреблений со стороны участников рынка, которые могут пытаться манипулировать системой исключительно ради получения налоговых льгот.

Тема 3: Цифровизация

Результаты опроса показывают, что улучшение цифровой инфраструктуры является одним из приоритетов для бизнеса

Респонденты опроса в целом рассматривают состояние инфраструктуры, особенно доступ в интернет, как критически важный фактор, способствующий их деятельности. В ходе исследования многочисленные предприятия неоднократно подчеркивали, что доступ в интернет является одним из важнейших факторов успеха в бизнесе. При этом большое количество респондентов выразили пожелание ускорить темпы развития цифровых технологий. Треть опрошенных респондентов отметила, что цифровой сектор — та технологическая сфера, в которой инновации и инвестиции принесут наибольшую пользу их деятельности. Более того, когда респондентов спросили о типе инфраструктуры, улучшение которой принесло бы пользу деловой активности, почти 40% назвали инфраструктуру доступа к интернету (Рисунок 2.5). Участники опроса сообщили о проблемах с цифровой связностью, поскольку в некоторых районах страны интернет остается недоступным. Также был отмечен вопрос цифровой грамотности: местные предприятия часто обращаются за помощью к иностранцам при работе с цифровыми сервисами. Иностранные компании сообщили, что сталкиваются со значительно более высокими тарифами на доступ в интернет по сравнению с местными предприятиями.

Многие предприятия подчеркнули значимость дальнейшего совершенствования логистики и инвестиций в инфраструктуру. Хотя респонденты отметили ценность для бизнеса таких инструментов как ChatGPT, некоторые сообщили, что доступ к этому сервису не всегда возможен. Тем не менее, деловое сообщество сохраняет оптимизм относительно текущего прогресса и потенциала будущих инфраструктурных проектов, которые смогут более эффективно удовлетворять их потребности. Несмотря на сохраняющиеся трудности с качеством доступа в интернет, предприятия в целом выражают удовлетворение, отмечая значительные улучшения за последнее десятилетие.

Рисунок 2.5. Какие конкретные улучшения в сфере материальной инфраструктуры могли бы существенно повысить эффективность вашей торговой деятельности?

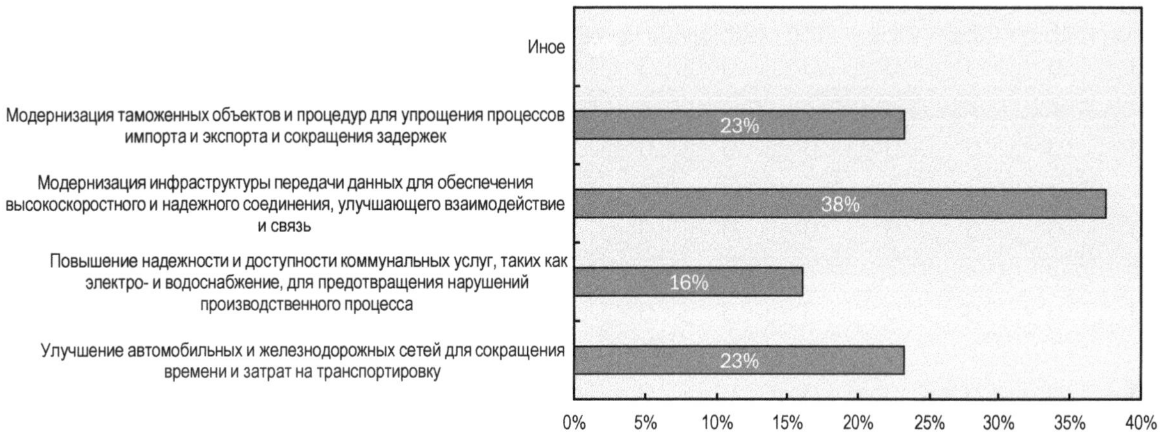

Источник: Опрос ОЭСР по оценке делового климата в Туркменистане (2024 г.)

Использование транзакций в интернете сдерживается не только ограниченным доступом к глобальной сети, но и низким уровнем внедрения среди населения и высокой стоимостью

доступа, особенно для иностранных предприятий. Использование мобильного банкинга в стране остается низким: около 92 000 пользователей на начало мая 2025 года (Central Bank of Turkmenistan, 2025[21]). Анализ стоимости услуг фиксированного широкополосного доступа показывает, что Туркменистан находится на сопоставимом уровне с другими странами региона (за исключением Казахстана). При оценке стоимости доступа в процентном соотношении к валовому национальному доходу (ВНД) на душу населения показатель составляет примерно 5%. При этом респонденты отмечают, что стоимость интернет-услуг для иностранных компаний представляется чрезмерно высокой. Для иллюстрации данного утверждения можно привести следующий пример: цена базового тарифного плана с безлимитным доступом и скоростью 10 Мбит/с существенно разнится для различных категорий пользователей. Иностранные компании вынуждены платить более 4 000 долларов США ежемесячно, в то время как местным организациям такой же тариф обходится в 2000 туркменских манатов, что по официальному курсу составляет приблизительно 570 долларов США. (Turkmen Telecom, 2025[22]). Для сравнения, стоимость начального уровня широкополосного доступа со скоростью 10 Мбит/с или выше в странах со средним уровнем дохода колеблется от 30 до 40 долларов США в месяц, согласно данным МСЭ и Всемирного банка[1].

Таблица 2.1. Месячная стоимость интернет-тарифов, июль 2025

	Категория потребителей					
Скорость	**Домохозяйства**	**Туркменские государственные органы**	**Туркменские ГП, предприниматели, частные фирмы**	**Образовательные учреждения**	**Иностранные ГП**	**Частные иностранные компании**
512 Кбит/с	Нет данных	Нет данных	Нет данных	TMT 250,00	Нет данных	USD 1705,26
1 Мбит/с	TMT 150,00	Нет данных	Нет данных	TMT 350,00	Нет данных	USD 3410,53
2 Мбит/с	TMT 180,00	TMT 1000,00	TMT 1000,00	TMT 500,00	USD 1754,39	USD 2192,98
4 Мбит/с	TMT 230,00	TMT 1250,00	TMT 1250,00	TMT 600,00§	USD 2105,26	USD 2631,58
6 Мбит/с	TMT 280,00	TMT 1500,00	TMT 1500,00	TMT 900,00§	USD 2526,35	USD 3157,89
8 Мбит/с	Нет данных	TMT 1750,00	TMT 1750,00	TMT 1200,00§	USD 3031,58	USD 3789,47
10 Мбит/с	Нет данных	TMT 2000,00	TMT 2000,00	TMT 1500,00§	USD 3638,60	USD 4561,40
Выделенный канал IFO (2 Мбит/с)	Нет данных	TMT 1140,00§	TMT 1141,00§	Нет данных	USD 1973,68§	USD 2368,42§

Примечание: Ежемесячная плата за безлимитный интернет (ADSL/VDSL), за исключением случаев, когда символ § указывает на ежемесячную арендную плату за выделенный канал IFO.
Источник: (Turkmen Telecom, 2025[22]), АГТС «Ашхабадская городская телефонная сеть», данные скачаны 31 июля 2025 г.

Рисунок 2.6. Стоимость корзины услуг фиксированного широкополосного доступа в странах Центральной Азии

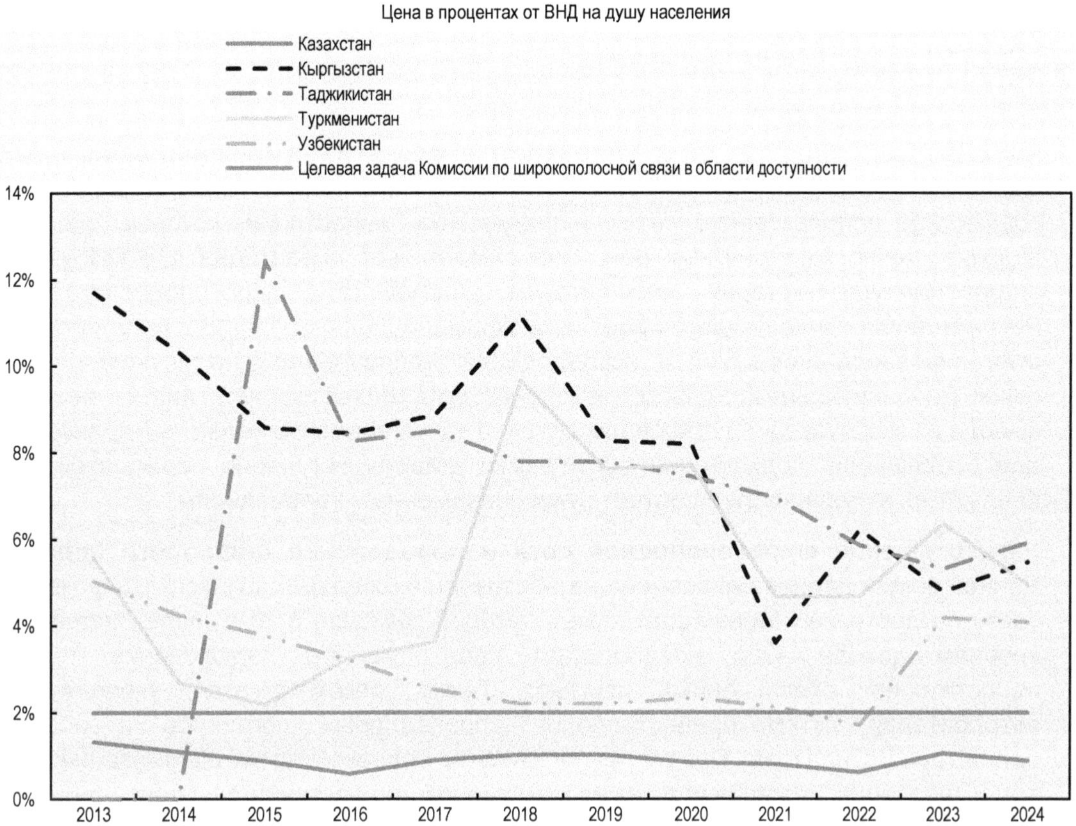

Источник: (ITU, 2025[23])

Рекомендации

Рекомендация 3.1: расширение покрытия широкополосной связи для обеспечения доступности интернета по всей стране

Вопрос доступности интернета и скорости подключения был поднят респондентами в ходе опроса. Для решения этого вопроса правительство могло бы обратиться к Рекомендации Совета ОЭСР по широкополосной связи. Улучшение интернет-инфраструктуры и повышение доступности интернета по всей стране имеют решающее значение для поддержки роста цифрового бизнеса и обеспечения равных возможностей для местных и международных компаний. Кроме того, это способствует повышению общего благосостояния граждан. Расширение зоны покрытия широкополосной связи в сельских районах поможет сократить цифровое неравенство между городом и деревней. При этом продолжение модернизации национальной магистральной сети будет способствовать дальнейшему улучшению качества соединения. Упрощение процедур лицензирования и получения разрешений на развертывание широкополосной связи может стать стимулом для расширения ее охвата (OECD, 2021[24]).

Вставка 2.7. Рекомендация Совета ОЭСР по обеспечению широкополосного доступа в Интернет

Рекомендация Совета ОЭСР по обеспечению широкополосного доступа в интернет с поправками от 2021 года содержит пять общих принципов.

I. **Конкуренция, инвестиции и инновации в развитии широкополосного доступа.** Данная рекомендация направлена на продвижение недискриминационной политики, совместное использование сетей и совместные инвестиции, которые способствуют формированию конкурентных цен. Она стимулирует инвестиции в отказоустойчивую инфраструктуру, которая способствует доступности широкополосного доступа. Рекомендация также поддерживает недискриминационные правила регулирования для стимулирования инноваций и исследований, направленных на улучшение качества связи. Дополнительно предлагается использовать многосторонний диалог, особенно при выводе из эксплуатации устаревших сетей, а также внедрять надежные правовые рамки для обеспечения подключения. Эти рамки должны регулярно пересматриваться на предмет их актуальности и соответствия современным требованиям.

II. **Развертывание широкополосной сети и преодоление цифрового неравенства.** Данная рекомендация направлена на обеспечение современных услуг широкополосной связи по доступным ценам для всех категорий граждан, в том числе людей с низким уровнем дохода. Она предполагает своевременное подключение территорий, недостаточно обеспеченных связью. Также рекомендуется укреплять права потребителей путем предоставления справедливых договоров и обеспечения регуляторного надзора. Предлагается снизить барьеры путем оптимизации процедур лицензирования, упрощения доступа к пассивной инфраструктуре и вовлечения сетевых операторов в деятельность по развитию сетей. Рекомендуется поддерживать эффективное управление радиочастотным спектром и способствовать улучшению цифровых навыков, в том числе разработку приложений, актуальных для местных пользователей. Это необходимо для обеспечения эффективного использования широкополосного доступа всеми гражданами.

III. **Отказоустойчивые, надежные, безопасные и высокопроизводительные сети.** Данная рекомендация сосредоточена на прозрачности данных с целью обеспечения постоянного совершенствования и диверсификации сетей для гарантии устойчивости коммуникаций к природным и цифровым рискам.

IV. **Воздействие сетей на окружающую среду.** В рамках данной рекомендации предлагается отдавать предпочтение экологичности сетей и устройств и стимулировать операторов предпринимать усилия для обеспечения связи, безопасной для экологии.

V. **Регулярные оценки рынков широкополосного доступа.** Эта рекомендация основывается на сборе и анализе данных о качестве услуг и инфраструктуры, используемой на рынке, с целью определить направления развития соответствующей государственной политики.

Источник: (OECD, 2021[24])

Сотрудники ОЭСР проанализировали практики финансирования широкополосного доступа в 2024 году. Среди успешных практик стран ОЭСР, которые могут представлять интерес для Туркменистана, выделяется распределение государственной поддержки согласно программам, разработанным на национальном уровне. Подобный опыт реализован в Чили, где Фонд развития телекоммуникаций обеспечивает предоставление услуг связи в сельских районах, где частный сектор не имеет достаточных стимулов для самостоятельных инвестиций (OECD, 2024[25]).

Рекомендация 3.2: рассмотреть возможность снижения цен на доступ к интернет-услугам

Прозрачная ценовая политика в отношении интернет-услуг является важным элементом конкурентной экономики с равными возможностями для предприятий. Несмотря на некоторое улучшение в последние годы, Туркменистан обладает одной из самых дорогих систем мобильного интернета в мире. Необходимо разработать понятные нормативные акты, которые обеспечат равное отношение к местным и международным компаниям при доступе к интернет-услугам, а также простимулируют выход новых игроков на рынок. Это окажет давление на цены и улучшит положение пользователей. Комиссия по широкополосной связи для устойчивого развития (совместный проект Международного союза электросвязи (МСЭ) и ЮНЕСКО) в своих рекомендациях на 2025 год установила целевую планку: менее 2% от месячного валового национального дохода на душу населения в качестве желательной цены базового доступа к широкополосной связи для стран с низким и средним уровнем дохода (Broadband Commission, 2025[26]). К этой группе относится и Туркменистан (UNDP, 2025[27]). На диаграмме (Рисунок 2.6) видно, что у Туркменистана есть потенциал для приведения цен доступа в интернет в соответствие с целевыми показателями доступности.

Рекомендация 3.3: повышать цифровую грамотность, чтобы в полной мере использовать возможности цифрового перехода

Правительство должно отреагировать на обеспокоенность частного сектора путем поддержки развития цифровых навыков. Туркменистан может перенять опыт стран региона и использовать выводы и рекомендации ОЭСР по цифровым навыкам для частного сектора в Узбекистане и по рамочным условиям для развития цифровой инфраструктуры в Казахстане (OECD, 2023[28]) (OECD, 2023[29]). Среди рекомендаций ОЭСР содержится предложение ввести инструмент самооценки цифровых навыков предприятиями при помощи общедоступного сайта. Инструмент представляет собой анкету, охватывающую общие функциональные подразделения, такие как маркетинг, бухгалтерский учет и логистика, и призван помочь предприятиям лучше понять свои цифровые потребности. После прохождения самооценки предприятия могут получить первоначальные стандартизированные рекомендации на основе полученных результатов, а также дополнительную информацию о том, как связаться с контактными лицами для прохождения специализированных тренингов и индивидуальной помощи по конкретным вопросам цифровой грамотности (OECD, 2023[30]). Размещение такого инструмента на сайте Союза промышленников и предпринимателей или Торгово-промышленной палаты обеспечит доступ к нему по всей стране.

Тема 4: Торговая политика и процедуры

Бизнес положительно оценивает государственную поддержку экспорта и с оптимизмом смотрит на перспективу вступления в ВТО

Торговля получает поддержку от государства, однако сохраняются определённые барьеры, в том числе в области таможенных процедур

Результаты опроса подтверждают, что бизнес ценит государственную поддержку. В частности, малые предприятия получают выгоду от низкой (2%) ставки подоходного налога.

Сельскохозяйственные предприятия имеют доступ к долгосрочной аренде земли сроком до 99 лет, что побуждает некоторые предприятия сменить вид деятельности с торговли на производство. Например, один из респондентов сообщил о планах по созданию теплицы для выращивания помидоров и огурцов. Это отражает растущую тенденцию к укреплению внутреннего производственного потенциала. За последние несколько лет перечень экспортных направлений Туркменистана расширился и теперь включает в себя Украину, Россию, Узбекистан, Иран, Объединенные Арабские Эмираты (ОАЭ) и Казахстан. Такое расширение торговых связей демонстрирует стремление страны интегрировать МСП в региональные и глобальные рынки.

Внедрение автоматизированной таможенной системы ASYCUDA World ускорило обработку таможенных деклараций в 14 раз (UNCTAD, 2024[31]). Эти улучшения, наряду с разработкой Торгового информационного портала при поддержке МТЦ и финансовой поддержке ЕС, а также международными торговыми выставками, проводимыми правительством, демонстрируют приверженность властей упрощению процедур торговли и экономической интеграции, что, вероятно, укрепляет позитивный настрой бизнеса в отношении вступления в ВТО.

Тем не менее, предприятия, участвующие в экспортно-импортных операциях, сообщают о сложностях во взаимодействии с таможенными органами. По результатам опроса было выявлено несколько ключевых вопросов, в частности, требование о том, чтобы на бумажных документах стояли официальные печати. Кроме того, договоры должны составляться как на туркменском, так и на русском языках, что создает дополнительную административную нагрузку на предприятия. Некоторые из опрошенных упомянули о крупных штрафах за превышение лимитов на перевозку определенных видов товаров, в то время как другие сообщили, что получение транзитных разрешений (дозволов) требует полной загрузки транспорта, и что такие разрешения выдаются в ограниченном количестве и постоянно дорожают. Другие респонденты указали на сложности из-за количества документов, которые необходимо подготовить для таможенного оформления, что усложняет и замедляет операции. Эти замечания подчеркивают необходимость реформ в области таможенных процедур для упрощения торговых операций и приведения процедур в соответствие с международными стандартами в контексте подготовки к вступлению страны в ВТО.

Перспектива вступления в ВТО вызывает как общий энтузиазм, так и критику

В целом, респонденты опроса положительно оценивают потенциальное вступление страны во Всемирную торговую организацию (ВТО). Оптимизм, вероятно, подогревается активными усилиями правительства по подготовке к членству в ВТО и упрощению процедур торговли. Они ожидают значительных выгод от вступления в ВТО, включая упрощение доступа на иностранные рынки и снижение тарифов на импортное оборудование, что особенно выгодно для таких отраслей, как строительство и производство, поскольку облегчает импорт сырья и техники. Вступление также рассматривается как полезное для конкурентоспособности, привлечения инвестиций и доступа к новым технологиям. В целом, респонденты считают, что оно поможет им оптимизировать деятельность и повысить эффективность расходов, позволяя нанимать новых сотрудников и быстрее развивать бизнес.

Некоторые респонденты, признавая экономическую значимость вступления в ВТО, в то же время выразили обеспокоенность более широкими последствиями такого членства. Они утверждают, что требование конвергенции стандартов со странами-членами ВТО может привести к росту цен в Туркменистане, что отразится на конкурентоспособности местных услуг, заработной плате и общей экономической структуре их деятельности. Другие выразили обеспокоенность по поводу необходимости соблюдать правила, установленные международной организацией, которые могут противоречить интересам местных производителей.

Политика импортозамещения может оказаться несовместимой с планами вступления в ВТО

Импортозамещение является одним из столпов экономической политики Туркменистана. Государственная программа поддержки МСП на 2018–2024 гг. акцентирует внимание на мерах по наращиванию отечественного производства путем поддержки и продвижения на рынке товаров, технологий и оборудования, замещающих импорт (Mejlis of Turkmenistan, 2023[1]). Например, приверженность правительства Туркменистана повышению производительности в сельском хозяйстве проявляется в государственных инвестициях в теплицы. В настоящее время теплицы общей площадью 800 гектаров используются для выращивания томатов, а еще 600–650 гектаров строятся (Ballyev, 2023[32]).

В 2019 году МВФ рекомендовал поэтапный отказ от политики импортозамещения и повышение конкурентоспособности экспорта с целью содействия диверсификации экономики (IMF, 2019[33]). Эта рекомендация соответствует принципам свободной торговли, продвигаемым ВТО. Она также отражает экономическую географию Туркменистана, которая обсуждается во Вставка 1.2. Переход от импортозамещения к росту, ориентированному на экспорт, потенциально может принести Туркменистану большую экономическую выгоду с учетом соблюдения принципов ВТО.

Правительство также предприняло значительные шаги по поддержке МСП в рамках стратегии поддержки экспорта. В рамках Государственной программы поддержки МСП на 2018–2024 гг. были разработаны меры по поддержке экспортоориентированных отраслей. В программе предлагаются такие стимулы, как налоговые льготы для частных сельскохозяйственных производителей или упрощение их доступа к кредитам, однако этим информация о стимулах ограничивается (Mejlis of Turkmenistan, 2023[1]). Другой ключевой инициативой стал запуск в июле 2024 года «единого цифрового окна» для экспортно-импортных операций, целью которого является оптимизация торговых процессов, снижение транзакционных издержек и упрощение процедур лицензирования и сертификации (EBRD, 2025[34]). На момент запуска на платформе было зарегистрировано около 5 тысяч предприятий, а количество заявок составило 20 тысяч (State Customs Service of Turkmenistan, 2024[35]).

Рекомендации

Рекомендация 4.1: Туркменистан может ускорить цифровизацию таможенных процедур за счёт внедрения средств онлайн-аутентификации

Поскольку деловые круги выражают обеспокоенность по поводу необходимости использования бумажных документов с официальными печатями, Туркменистан может далее развивать цифровизацию процедур с целью их упрощения. Постепенный отказ от требований к документам на бумажных носителях позволил бы более тесно соответствовать цели, изложенной в Рекомендации № 14 Европейской экономической комиссии ООН (ЕЭК ООН) и Центра ООН по упрощению процедур торговли и электронным деловым операциям (СЕФАКТ ООН) «Аутентификация торговых документов». Возможные решения включают в себя биометрические методы, электронные подписи и валидацию третьей стороной (UNECE, 2014[36]). Инструментарий трансграничной безбумажной торговли, разработанный ВТО, также предоставляет информацию и рекомендации по созданию цифровых профилей (WTO, 2022[37]).

Цифровизация процедур будет способствовать сотрудничеству с соседями на региональном уровне и облегчит транзит через Туркменистан. Работа ОЭСР по развитию Транскаспийского транспортного коридора показывает, что цифровизация процедур была положительно воспринята респондентами из частного сектора (OECD, 2025[38]). Более тесное приграничное сотрудничество с таможенными органами поможет еще больше снизить торговые издержки (OECD, 2023[39]; OECD, 2025[38]). Беспрепятственные таможенные процедуры будут иметь решающее значение для реализации Туркменистаном своей цели стать успешной и привлекательной транзитной страной (UNCTAD, 2024[31]).

Рекомендация 4.2: Туркменистан может рассмотреть возможность поэтапного отказа от поддержки импортозамещения

Эксперты ОЭСР на протяжении длительного времени утверждают, что политика импортозамещения обычно не приносит ожидаемых экономических выгод (Baldwin, 2000[40]). Она часто приводит к снижению эффективности, падению конкурентоспособности и замедлению экономического роста по сравнению со стратегиями, ориентированными на экспорт (Millot and Rawdanowicz, 2024[41]). Как отмечалось в первой главе, подобные меры также имеют естественные ограничения, особенно в условиях малых экономик, которые, при прочих равных условиях, обычно сильнее зависят от торговли, чем крупные. Поддержка местных производителей должна рассматриваться как средство построения промышленности, способной конкурировать на экспортных рынках, а не как самоцель. Ориентация предприятий на экспорт через улучшение доступа к кредитам может включать в себя финансирование лицензий на передачу технологий, грантовую поддержку от государственных научно-исследовательских институтов или налоговые льготы. Такая ориентация может быть направлена на повышение доходов предприятий, работающих в экспортных отраслях, и стимулировать инновации с целью повышения эффективности на целевых рынках. Это постепенно сделает предприятия менее чувствительными к либерализации в соответствии с правилами ВТО (IMF, 2024[42]).

Тема 5: Урегулирование других вопросов, касающихся среды ведения бизнеса

Результаты опроса показывают, что государство играет стимулирующую роль в рыночной деятельности несмотря на то, что сталкивается с определенными трудностями

Опрошенные предприятия в основном удовлетворены последними изменениями в налоговом законодательстве и управлении, считая его справедливым и прозрачным, хоть и не всегда эффективным

Предприятия отмечают благоприятный налоговый режим и подчеркивают четкое и своевременное информирование со стороны налоговых органов, которое часто сопровождается публикацией новостей на официальном сайте. По словам респондентов, процедура подачи налоговых деклараций дважды в год проста и понятна, а налоговые органы демонстрируют оперативность при работе предприятиями при условии, что они надлежащим образом зарегистрированы. При этом предприятия также полагаются на печатные СМИ для получения информации об изменениях в законодательстве, что указывает на необходимость внедрения более современных каналов связи.

Прилагаются постоянные усилия для предотвращения уклонения от уплаты налогов путем совершенствования аудиторской системы. Международные партнеры по развитию оказывают Туркменистану содействие в этом вопросе путем предоставления технической помощи. Например, Региональный центр развития потенциала для региона Кавказа, Центральной Азии и Монголии (ЦТП-КЦАМ) провел в октябре 2024 года тренинг по аудиту для должностных лиц, занимающихся налоговым администрированием (IMF-CCAMTAC, 2024[43]).

Многие предприятия предложили провести дальнейшую цифровизацию налоговых услуг с целью повышения эффективности: использовать интернет-банкинг для сбора налогов, выдавать информацию о проверках в режиме реального времени и проводить онлайн-консультации для бухгалтеров. Они также выразили желание ускорить обработку документов налоговыми инспекциями, получить больше возможностей при снятии и внесении наличных средств и снизить административные штрафы. Недавние реформы, такие как дифференцированные интервалы проверок (от тех до пяти лет), были восприняты как позитивный шаг, но дальнейшие улучшения могли бы сделать налоговое администрирование еще более удобным для бизнеса. Введение Министерством финансов и экономики нового портала государственных услуг (e.fineconomic.gov.tm) и мобильного приложения позволяет юридическим лицам и предпринимателям подавать налоговые документы в режиме «онлайн», уменьшая необходимость личного посещения налоговых инспекций.

Налоговое администрирование постепенно цифровизируется. Введение Министерством финансов и экономики электронной платформы для налогоплательщиков — позитивный шаг к более быстрому и простому налоговому администрированию. При этом по состоянию на май 2025 года платформа существовала только на туркменском языке, что затрудняет ее использование иностранными компаниями. Кроме того, на платформе может содержаться устаревшая информация, поскольку последний годовой отчет датируется 2022 годом (Tax Department of the Ministry of Finance and Economy of Turkmenistan, 2025[44]). На момент составления отчета на сайте также было обнаружено несколько неработающих ссылок.

Предприятия предпочитают внесудебные механизмы разрешения споров, поскольку судебные разбирательства считаются непрозрачными и дорогостоящими

Процесс судопроизводства воспринимается как непрозрачный и сложный, что еще больше усугубляет правовое положение предприятий. В одном показательном случае, о котором сообщалось в ходе одного из интервью, проведенных ОЭСР, иск на сумму 15 тысяч долларов США был разрешен судебным постановлением, согласно которому платеж должен был быть произведен в манатах по официальному курсу. В результате предприятие получило всего около 2 тысяч долларов США, что составляет лишь часть причитавшейся ему суммы. Сам процесс занял почти четыре года, что подчеркивает сложности со своевременностью принятия решений и объективностью судебной системы, а также сложности, связанные с системой двойного обменного курса.

Предприятия в Туркменистане, как правило, отдают предпочтение альтернативным методам разрешения споров, в основном путем прямых, неформальных переговоров, а не через суд (Рисунок 2.7**).** С точки зрения владельцев бизнеса, обращение в суд с иском часто рассматривается как ненужные операционные издержки, и предпочтение отдается переговорам в неформальной обстановке для урегулирования любых разногласий. Представители Союза промышленников и предпринимателей отметили, что в стране отсутствует институционализированная система внесудебного разрешения споров, хотя ее создание рассматривается.

Рисунок 2.7. Как бы вы оценили эффективность и действенность правовой системы в разрешении коммерческих споров с 2022 года?

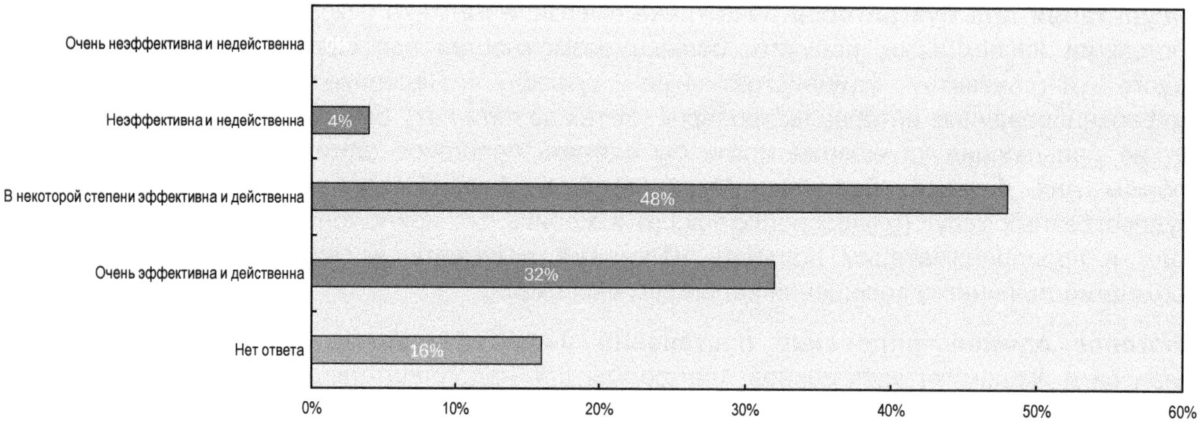

Источник: Опрос ОЭСР по оценке делового климата в Туркменистане (2024 г.)

Разработка механизмов альтернативного урегулирования споров (АУС) все еще не завершена. Эксперты ОЭСР (OECD, 2023[45]) установили, что механизмы АУС в Туркменистане все еще недостаточно эффективны, что может отталкивать инвесторов из-за проволочек и издержек, связанных с судебными разбирательствами в республиканских судах. Тем не менее, правительство предприняло заметные усилия для решения этой проблемы. Одним из них является присоединение страны в 2022 году к Конвенции ООН о признании и приведении в исполнение иностранных арбитражных решений (Нью-Йоркской конвенции). Ожидается, что это будет способствовать укреплению доверия иностранных инвесторов (Ministry of Foreign Affairs of Turkmenistan, 2022[46]). Этот шаг согласуется с работой по ознакомлению должностных лиц с АУС, о чем свидетельствует проведение для слушателей Академии государственной службы в ноябре 2024 года онлайн-курса на тему «Международный коммерческий арбитраж и медиация» в рамках программы USAID «Управление в Туркменистане» (GAT) (Turkmenistan Altyn Asyr, 2024[47]).

Система двойного обменного курса в Туркменистане по-разному воспринимается бизнесом в зависимости от вида деятельности

Результаты опроса показывают, что доступ к иностранной валюте варьируется в зависимости от того, занимается ли предприятие внутренней или международной деятельностью. Предприятия, работающие на внутреннем рынке, как правило, не считают валютный контроль или двойной обменный курс проблемой, поскольку им редко требуется иностранная валюта: платежи, даже от иностранных клиентов, обычно осуществляются в туркменских манатах. Некоторые отечественные предприятия имеют счета в иностранной валюте, однако практически не нуждаются в их использовании или вовсе не испытывают в этом потребности. Хотя несколько респондентов признали, что валютный контроль иногда может вызывать незначительные трудности, большинство из них считают, что могут адаптироваться к этим трудностям. В отличие от них, предприятия, участвующие в международной торговле, часто указывали на ограниченный доступ к иностранной валюте как на серьезное препятствие для своей деятельности. Некоторые из них выразили желание иметь более свободную систему обменного курса, основанную на рыночных принципах.

Правительство, по-видимому, ввело систему приоритетности конвертации валюты, которая отдает предпочтение одним отраслям перед другими. По словам респондентов, предприниматели в сфере производства продуктов питания получают преимущество. За ними следуют те, кто занимается производством промышленных товаров. При этом импортеры готовой продукции сталкиваются с большими трудностями, поскольку у них нет гарантированного права на конвертацию валюты. Вместо этого, как сообщалось во время интервью, импортеры вынуждены полагаться на решения уполномоченных банков при условии наличия у последних иностранной валюты.

Таким образом, производители могут столкнуться с серьезными ограничениями при попытке приобрести иностранную валюту для импорта необходимых им товаров. Возможности предприятий по конвертации валюты ограничены: разрешения на конвертацию предоставляются раз в две недели в размере 2% от общей суммы договора, что серьезно затрудняет возможности приобретения оборудования, техники и сырья из-за рубежа. Иностранные предприятия также сталкивались с неплатежами или задержками из-за валютного контроля (U.S. Department of State, 2022[48]). Такие ограничения вынуждают предприятия откладывать важные инвестиции и модернизацию, что в конечном счете сказывается на их конкурентоспособности и потенциале роста.

Рекомендации

> *Рекомендация 5.1: оценить возможности повышения эффективности налогового администрирования за счет цифровизации и внедрения международных стандартов аудита*

Туркменистану следует рассмотреть возможность внедрения системы онлайн-оплаты налогов, поскольку это неоднократно запрашивалось представителями бизнеса. Туркменистан может последовать примеру Таджикистана, где недавно был внедрен подобный онлайн-сервис на сайте services.andoz.tj и связанное с ним приложение «Andozi Man» (OECD, 2023[45]). Теперь, помимо возможности подачи форм онлайн, пользователи — как юридические, так и физические лица — могут также уплачивать налоги через интернет. Внедрение такой бездокументарной процедуры на существующем сайте (e.fineconomic.gov.tm) значительно упростило бы процесс. Участники опроса отметили, что необходимость лично посещать офис налоговой службы и стоять в очереди приводят к трате времени.

Правительство может рассмотреть вопрос о более строгом применении государственными предприятиями международных стандартов отчетности, таких как Международные стандарты финансовой отчетности (МСФО), с целью совершенствования налогового администрирования. Несмотря на официальное признание и частичное внедрение МСФО, а также наличие в стране независимых аудиторов, в том числе представительств некоторых международных компаний, оказывающих профессиональные услуги, текущий механизм применения стандартов финансовой отчетности не выполняет свою функцию по предоставлению сопоставимой информации. Составление стандартизированной финансовой отчетности и ведение учета могут способствовать повышению надежности аудированной информации для целей налогообложения и принятия инвестиционных решений. Использование таких стандартов может применяться предприятиями для подтверждения качества, а также служит своего рода гарантией для иностранных инвесторов, поскольку сокращает «информационную асимметрию» между инвесторами и предприятиями (Bertrand, de Brebisson and Burietz, 2021[49]). Сосредоточение усилий в первую очередь на крупных государственных предприятиях (ГП) могло бы облегчить доступ к кредитованию международными партнерами в области развития, а также к трансграничным инвестиционным потокам. Параллельно возможно внедрение университетских курсов по МСФО.

Рекомендация 5.2: рассмотреть вопрос об учреждении должности уполномоченного по защите прав предпринимателей

Респонденты предложили учредить должность уполномоченного по правам предпринимателей или аналогичный институт для помощи в разрешении споров и предоставления консультаций.. Согласно президентскому постановлению, принятому в июне 2024 года, учрежден отдел по вопросам защиты прав человека в частном секторе при Аппарате Омбудсмена.Тем не менее, остается пока неясно, если этот отдел уполномочен в разрешении деловых споров, предоставлении независимых консультаций и посредничестве в конфликтах до того, как они перерастут в длительные и непредсказуемые судебные разбирательства (OECD, 2024[50]). Туркменистан может обратиться к примеру Бизнес Омбудсмена Казахстана (Вставка 2.8). Уполномоченный по защите прав предпринимателей не только поможет отдельным предприятиям сориентироваться в юридических сложностях, но также послужит катализатором для более широких судебных и регуляторных реформ, что в конечном счете будет способствовать улучшению деловой среды в Туркменистане в целом.

Вставка 2.8. Уполномоченный по защите прав предпринимателей Казахстана

Правовой режим

Институт бизнес-омбудсмена в Казахстане имеет четкую правовую базу. Его деятельность регулируется отдельной главой в Предпринимательском кодексе. Президент назначает бизнес-омбудсмена на четырехлетний срок. После первого срока возможно назначение на второй срок, однако не допускается пребывание в должности более двух сроков подряд. Уполномоченный по защите прав предпринимателей осуществляет свою деятельность в тесном взаимодействии с Национальной палатой предпринимателей «Атамекен» и имеет представительства во всех регионах страны. При этом он подотчетен исключительно Президенту.

Полномочия

Являясь ключевым связующим звеном между частным сектором и представителями власти, бизнес-омбудсмен обладает широкими полномочиями, в том числе:

- внесение в государственные органы предложений о новых мерах по совершенствованию правовой защиты предпринимателей;
- разработка мер по восстановлению нарушенных прав предпринимателей;
- подача исков в прокуратуру от имени делового сообщества в случаях, когда государственные органы не принимают надлежащих мер по восстановлению прав предпринимателей;
- запрос информации у государственных органов (за исключением случаев, предусмотренных законом).
- Установленный срок рассмотрения поступивших жалоб составляет 30 дней. Возможно продление срока рассмотрения при обязательном уведомлении заявителя.

Статистика

Бизнес-омбудсмен активно участвует в защите прав предпринимателей. С 2020 по 2023 год в его офис поступило 17205 обращений, из которых 6043 (35%) были удовлетворены (например, был признан недействительным штраф, наложенный на предприятие государственным органом;

Верховный суд признал незаконным повышение налога для предприятий). Общая сумма урегулированных споров составила 174 миллиарда казахстанских тенге (примерно 348 миллионов евро). Бизнес-омбудсмен также тесно сотрудничает с министерствами страны. Проводятся консультации с органами прокуратуры по внесению изменений в уголовное законодательство и совместные форумы с Агентством по противодействию коррупции и Верховным судом, в которых участвует частный сектор, с целью обсуждения, разъяснения и совершенствования правовой базы. Также поддерживаются контакты с зарубежными институтами бизнес-омбудсменов в Европе и Азии с целью обмена передовым опытом и защиты казахстанского бизнеса за рубежом.

Источник: (The Ombudsman for the Protection of the Rights of Entrepreneurs of Kazakhstan, 2025[51]; OECD, 2024[50])

Рекомендация 5.3: изучить унификацию официального и параллельного обменных курсов

Туркменистану стоит рассмотреть возможность смягчения валютного контроля в преддверии вступления в ВТО. Некоторые респонденты отметили экономические реформы в Узбекистане как пример для подражания. Действительно, в конце 2017 года страна провела унификацию официального и неофициального курсов валют, что фактически привело к ликвидации параллельного валютного рынка ().Этот шаг, а также последовавшее двумя годами позже снижение налогов, были восприняты как устранение «главного сдерживающего фактора для развития бизнеса» (World Bank, 2019[52]).

МВФ давно рекомендует Туркменистану унифицировать обменные курсы. Это способствовало бы достижению целей диверсификации страны и уменьшило бы экономические искажения (IMF, 2025[53]). Единый обменный курс устранил бы привилегированный доступ к иностранной валюте и уравнял бы условия игры для предприятий и отраслей. Если государственные органы считают необходимым поддержать отдельные отрасли, которые могут пострадать от унификации обменных курсов, им следует рассмотреть альтернативные меры поддержки. Такие меры должны сводить к минимуму риск возникновения экономических искажений. Примерами могут служить ускоренная амортизация, субсидируемое кредитование, налоговые льготы и т.д.

Различные страны могут подходить к либерализации обменного курса по-разному, чтобы лучше адаптироваться к специфическим особенностям местной экономики. В блоге Всемирного банка (Estevao et al., 2021[54]) аналитики предлагают два возможных подхода: быстрый и масштабный («большой взрыв») или медленный и постепенный. Первый — единовременная мера, после которой не ожидается дальнейшей девальвации. Она может привести к временному нарушению торговли, а также некоторой инфляции и долларизации экономики, если власти не будут проводить жесткую монетарную политику. Таким образом, унификация обменного курса должна сопровождаться системой монетарной политики, которая сможет контролировать волатильность обменного курса и ограничивать инфляцию, которая последует за либерализацией. Второй подход обычно приводит к улучшению торговли и не вызывает сколь-либо значимых негативных потрясений, но его успех зависит от разработки и реализации центральным банком надежного пути девальвации, например, через скользящую привязку обменного курса, а также от достаточного уровня валютных резервов, а также сопутствующих реформ для повышения конкурентоспособности и содействия росту экспорта.

Вставка 2.9. Опыт Узбекистана в либерализации валютного курса

В 2017 году Узбекистан начал либерализацию экономики и ликвидировал параллельный валютный рынок. При президенте Шавкате Мирзиёеве власть разрешила переход к рыночному курсу узбекского сума, что сначала привело к высокой инфляции (с пиком в 20% в начале 2018 года) и замедлению роста (с 5,9% до 4,4%). Однако вскоре рост восстановился, превысив 6% с 2023 года, что свидетельствует о том, что реформа в конечном итоге поспособствовала укреплению фундаментальных макроэкономических показателей.

Резкая девальвация узбекского сума в сентябре 2017 года вызвала всплеск долларизации: доля валютных депозитов в денежной массе выросла с 23% до 33% за месяц, достигнув 38% в начале 2018 года. В ответ на это финансовые власти начали придерживаться более жесткой денежно-кредитной политики, делать шаги по переходу к режиму инфляционного таргетирования, а также повысили требования резервирования по валютным депозитам для стимулирования дедолларизации.

К началу 2020-х годов эти меры, наряду с более стабильной инфляцией и рыночным обменным курсом, помогли снизить долларизацию, хотя, по официальным оценкам и оценкам МВФ, она остается значительной. По состоянию на сентябрь 2025 года доля депозитов в иностранной валюте снизилась до 23%, а кредитов в иностранной валюте — до 37% (с 41% в начале 2021 года), что объясняется как обесценением доллара США, так и повышением доверия к национальной валюте благодаря более эффективному управлению ожиданиями и укреплению доверия к национальной валюте.

Источник: (IMF, 2024[55]; World Bank, 2025[56]; World Bank, 2019[52])

Таблица 2.2. Краткое изложение выводов и рекомендаций

Тема	Наблюдение	Рекомендация	Заинтересованные ведомства	Временные рамки
Открытие бизнеса	Процедура регистрации упрощена, но все еще требует длительных процедур оформления документов.	**1.1** Рассмотреть возможность **снижения регуляторной нагрузки** при регистрации новых предприятий	Министерство финансов и экономики	Краткосрочные и среднесрочные → →→
	В Туркменистане существуют законодательные положения о конкуренции, но их необходимо улучшить.	**1.2 Разработать законодательную базу конкуренции**, которая будет отвечать потребностям рынка	Министерство финансов и экономики	Среднесрочные →→
	В Туркменистане существует государственная экономическая стратегия, но отсутствует система, разработанная специально для предприятий. Предприятия, работающие в одних отраслях экономики,	**1.3** Разработать многоотраслевую целевую стратегию поддержки бизнеса, обеспечивающую **равный доступ к финансированию независимо от отрасли**	Министерство финансов и экономики	Среднесрочные и долгосрочные →→ →→→

Тема	Наблюдение	Рекомендация	Заинтересованные ведомства	Временные рамки
	сталкиваются с бóльшими ограничениями при получении кредитов, чем в других.			
Человеческий капитал	Туркменистан планирует развивать программы профессионально-технического образования (ПОО) и может извлечь пользу из дополнительных консультаций.	2.1 Рассмотреть **возможность разработки и расширения комплексных** программ **профессионально-технического образования и подготовки**	Министерство образования, Министерство труда и социальной защиты	Среднесрочные →→
	Существуют стимулы для молодых людей, желающих начать свой бизнес (например, льготный налоговый режим), однако будущие предприниматели должны быть хорошо информированы о том, что представляет собой предпринимательская деятельность.	2.2 Рассмотреть возможность разработки и расширения **комплексных программ образования и подготовки (ПОО) предпринимателей**	Министерство образования, Министерство труда и социальной защиты	Среднесрочные →→
	Ограниченный доступ к высшему образованию, вероятно, вызывает дефицит квалифицированных кадров.	2.3 Улучшить интеграцию молодежи в рынок труда путем адаптации существующих мер	Министерство образования, Министерство труда и социальной защиты	Краткосрочные и среднесрочные → →→
Цифровизация	Доступ к Интернету остается ограниченным в некоторых областях страны.	**3.1 Оценить возможности расширения покрытия широкополосной связи для обеспечения доступности интернета на всей территории**	Министерство связи	Краткосрочные →
	Высокие цены на услуги доступа в интернет препятствуют его использованию населением.	3.2 Рассмотреть возможность снижения цен на доступ в интернет; **уравнять цену доступа для отечественных и иностранных предприятий**	Кабинет министров	Краткосрочные →
	Предприятия сообщают о нехватке квалифицированных специалистов, способных работать с цифровыми технологиями.	3.3 Повысить цифровую грамотность с помощью тренингов, чтобы в полной мере использовать возможности цифрового перехода	Министерство образования, Министерство труда и социальной защиты Министерство связи	Краткосрочные и среднесрочные → →→
Торговая политика и	Таможенные	4.1 Ускорить	Государственная таможенная	Краткосрочные и

Тема	Наблюдение	Рекомендация	Заинтересованные ведомства	Временные рамки
процедуры	процедуры могут быть длительными и замедлять работу торговых предприятий.	цифровизацию таможенных процедур за счёт внедрения **средств онлайн-аутентификации**	служба	среднесрочные → →→
	Политика импортозамещения может негативно сказаться на конкурентоспособности местных предприятий в контексте вступления в ВТО.	**4.2 Рассмотреть возможность постепенного отказа от политики импортозамещения**	Министерство финансов и экономики Министерство торговли и внешнеэкономических связей	Среднесрочные и долгосрочные →→ →→→
Урегулирование других вопросов, касающихся среды ведения бизнеса	Процедуры уплаты налогов проводятся на месте и могут приводить к негативным последствиям, таким как коррупция. Стандарты отчетности, по-видимому, не применяются последовательно.	**5.1** Оценить возможности **цифровизации процедур уплаты налогов** **Рассмотреть более строгое применение государственными предприятиями международных стандартов отчетности**, таких как МСФО, для улучшения налогового администрирования и прозрачности.	Налоговый департамент Министерства финансов и экономики	Краткосрочные и среднесрочные → →→
	Инструменты альтернативного разрешения споров все еще находятся на ранней стадии развития.	**5.2** Рассмотреть возможность учреждения офиса **бизнес-омбудсмена**	Кабинет Министров, Министерство юстиции, Министерство финансов и экономики	Краткосрочные →
	Предприятия называют двойной обменный курс ограничением для проведения операций с иностранными партнерами.	**5.3** Рассмотреть возможность **унификации обменных курсов**	Министерство финансов и экономики Центральный банк Туркменистана	Краткосрочные →

Источники

ADB (2023), *Turkmenistan - Asian Development Outlook April 2023*, https://www.adb.org/sites/default/files/publication/863591/tkm-ado-april-2023.pdf (accessed on 27 July 2023). [14]

Baldwin, R. (2000), “Trade and Growth: Still Disagreement about the Relationships”, *OECD Economics Department Working Papers*, No. 264, OECD Publishing, Paris, https://doi.org/10.1787/768732688342. [40]

Ballyev, D. (2023), “95% of greenhouses in Turkmenistan specialize in tomato production”, *HortiDaily*, https://www.hortidaily.com/article/9582263/95-of-greenhouses-in-turkmenistan-specialize-in-tomato-production/. [32]

Bertrand, J., H. de Brebisson and A. Burietz (2021), "Why choosing IFRS? Benefits of voluntary adoption by European private companies", *International Review of Law and Economics*, Vol. 65, https://www.sciencedirect.com/science/article/pii/S0144818820301812 (accessed on 19 July 2025). [49]

Broadband Commission (2025), *2025 Broadband Advocacy Target 2: Make Broadband Affordable*, https://broadband.itu.int/advocacy-targets/2-affordability/? (accessed on 7 April 2025). [26]

Business Turkmenistan (2021), *Как реализуется государственная поддержка малого и среднего бизнеса в Туркменистане?*, https://www.business.com.tm/ru/post/6825/kak-realizuetsya-gosudarstvennaya-podderzhka-malogo-i-srednego-biznesa-v-turkmenistane? (accessed on 17 April 2025). [2]

Central Asia Program (2025), *Resource Dependency: A Critical Look at Human Development and Inequality in Turkmenistan*, Institute for European, Russian and Eurasian Studies of the George Washington University, https://centralasiaprogram.org/publications-all/resource-dependency-a-critical-look/. [15]

Central Bank of Turkmenistan (2025), *"Мобильный банк"*, https://www.cbt.tm/ru/payment/mobil_bank.html (accessed on 5 May 2025). [21]

DAMU (2025), *Subsidies within the framework of a Unified Integrated Programme*, https://damu.kz/en/programmi/subsidy/enterprise_development/ (accessed on 18 April 2025). [13]

EBRD (2025), *Turkmenistan: Transition Report 2024-25*, https://2024.tr-ebrd.com/countries/# (accessed on 8 April 2025). [34]

Estevao, M. et al. (2021), *What countries need to consider when dual exchange rates are a problem*, https://blogs.worldbank.org/en/allaboutfinance/what-countries-need-consider-when-dual-exchange-rates-are-problem (accessed on 7 April 2025). [54]

Government of the Republic of Kazakhstan (2022), *Государственная программа поддержки и развития бизнеса «Дорожная карта бизнеса 2025»*, https://egov.kz/cms/ru/articles/road_business_map (accessed on 17 April 2025). [12]

IMF (2025), *IMF Staff Completes 2025 Article IV Mission to Turkmenistan*, https://www.imf.org/en/News/Articles/2025/06/10/pr-25190-turkmenistan-imf-completes-2025-article-iv-mission (accessed on 7 July 2025). [53]

IMF (2024), *Republic of Uzbekistan: 2024 Article IV Consultation-Press Release; and Staff Report*, https://www.elibrary.imf.org/view/journals/002/2024/210/article-A001-en.xml (accessed on 28 March 2025). [55]

IMF (2024), *The Pitfalls of Protectionism: Import Substitution vs. Export-Oriented Industrial Policy*, IMF. [42]

IMF (2019), *IMF Staff Completes 2019 Article IV Mission to Turkmenistan*, https://www.imf.org/en/News/Articles/2019/04/10/pr19112-turkmenistan-imf-staff-completes-2019-article-iv-mission#:~:text=Natalia%20Tamirisa%20visited%20Ashgabat%20during,sectors%2C%20and%20the%20diplomatic%20community. (accessed on 8 April 2025). [33]

IMF-CCAMTAC (2024), *Turkmenistan*, https://ccamtac.imf.org/content/CCAMTAC/home/Technical-Assistance/Turkmenistan.html (accessed on 4 July 2025). [43]

ITU (2025), *Measuring Digital Development : The Affordability of ICT services in 2024*, https://www.itu.int/en/ITU-D/Statistics/Pages/ICTprices/default.aspx (accessed on 11 July 2025). [23]

Mejlis of Turkmenistan (2023), *ЗАКОН ТУРКМЕНИСТАНА О государственной поддержке малого и среднего предпринимательства*, https://mejlis.gov.tm/single-law/260?lang=ru (accessed on 15 July 2025). [1]

Mejlis of Turkmenistan (2018), *Закон Туркменистана о предпринимательской деятельности*, https://minjust.gov.tm/ru/hukuk/merkezi/hukuk/192 (accessed on 16 April 2025). [5]

Millot, V. and Ł. Rawdanowicz (2024), "The return of industrial policies: Policy considerations in the current context", *OECD Economic Policy Papers*, No. 34, OECD Publishing, Paris, https://doi.org/10.1787/051ce36d-en. [41]

Ministry of Foreign Affairs of Turkmenistan (2022), *Меджлис Милли Генгеша Туркменистана принял постановления о присоединении страны к двум конвенциям ЮНСИТРАЛ*, https://www.mfa.gov.tm/ru/articles/558 (accessed on 11 June 2025). [46]

Ministry of Industry and Trade of the Czech Republic (2021), *Strategy to Support Small- and Medium-Sized Enterprises in the Czech Republic (2021-2027)*, Ministry of Industry and Trade of the Czech Republic, https://www.czechia.eu/wp-content/uploads/2021/12/Strategy-to-support-SMEs-in-the-Czech-Republic-2021-2027.pdf (accessed on 17 April 2025). [11]

OECD (2025), *Enhancing the Competitiveness of the Trans-Caspian Transport Corridor in Central Asia*, https://www.oecd.org/en/publications/2025/11/enhancing-the-competitiveness-of-the-trans-caspian-transport-corridor-in-central-asia_e989025f.html. [38]

OECD (2024), "Business ombudsman institutions in Eastern Europe and Central Asia: New trends and good practices", *OECD Business and Finance Policy Papers*, No. 42, OECD Publishing, Paris, https://doi.org/10.1787/7d994c17-en. [50]

OECD (2024), *Financing Broadband Networks of the Future*, OECD Publishing. [25]

OECD (2024), *Financing SMEs and Entrepreneurs 2024: An OECD Scoreboard*, OECD Publishing, https://www.oecd.org/en/publications/2024/03/financing-smes-and-entrepreneurs-2024_015c0c26.html. [10]

OECD (2024), *OECD Youth Policy Toolkit*, OECD Publishing, https://www.oecd.org/en/publications/2024/11/oecd-youth-policy-toolkit_3de4a9f0.html. [20]

OECD (2024), *Recommendation of the Council on Human-Centred Public Administrative Services*, https://legalinstruments.oecd.org/en/instruments/OECD-LEGAL-0503 (accessed on 11 June 2025). [8]

OECD (2023), *Building Future-Ready Vocational Education and Training Systems*, OECD Publishing, https://www.oecd.org/en/publications/building-future-ready-vocational-education-and-training-systems_28551a79-en.html. [18]

OECD (2023), *Digital Skills for Private Sector Competititveness in Uzbekistan*, OECD Publishing, https://www.oecd.org/en/publications/digital-skills-for-private-sector-competitiveness-in-uzbekistan_6c54f447-en.html. [30]

OECD (2023), *Digital Skills for Private Sector Competitiveness in Uzbekistan*, OECD Publishing, Paris, https://doi.org/10.1787/6c54f447-en. [29]

OECD (2023), *Improving Framework Conditions for the Digital Transformation of Businesses in Kazakhstan*, OECD Publishing, Paris, https://doi.org/10.1787/368d4d01-en. [28]

OECD (2023), *Improving the Legal Environment for Business and Investment in Central Asia*, OECD Publishing, https://www.oecd.org/en/publications/2023/12/improving-the-legal-environment-for-business-and-investment-in-central-asia_d8c3ca85.html. [45]

OECD (2023), *Trade Facilitation in Central Asia*, OECD Publishing, Paris, https://doi.org/10.1787/80ed999c-en. [39]

OECD (2021), *Recommendation of the Council on Broadband Connectivity*, https://legalinstruments.oecd.org/en/instruments/OECD-LEGAL-0322 (accessed on 7 April 2025). [24]

OECD (2019), *Recommendation of the Council on Competition Assessment*, OECD Publishing, https://legalinstruments.oecd.org/en/instruments/OECD-LEGAL-0455 (accessed on 10 June 2025). [9]

State Bank of Turkmenistan for Foreign Economic Activity (2025), *Для финансирования новых производств, инвестиционных проектов и расширения действующих производств*, https://tfeb.gov.tm/page/62 (accessed on 17 April 2025). [4]

State Bank of Turkmenistan for Foreign Economic Activity (2025), *Предпринимателям, частным предприятиям, в целях развития среднего и малого бизнеса*, https://tfeb.gov.tm/page/61? (accessed on 17 April 2025). [3]

State Customs Service of Turkmenistan (2024), *Features of the Single Window for Export-Import Operations in Turkmenistan*, https://customs.gov.tm/index.php/en/news/925 (accessed on 8 April 2025). [35]

Tax Department of the Ministry of Finance and Economy of Turkmenistan (2025), *Main page*, https://www.tax.gov.tm/ (accessed on 11 June 2025). [44]

The Ombudsman for the Protection of the Rights of Entrepreneurs of Kazakhstan (2025), *History of the Institution*, https://ombudsmanbiz.kz/eng/ (accessed on 26 March 2025). [51]

Turkmen Telecom (2025), *Internet Tariffs*, https://telecom.tm/en/tarif-gov/ (accessed on 1 August 2025). [22]

Turkmenistan Altyn Asyr (2024), *Слушатели Академии государственной службы при Президенте Туркменистана прошли онлайн-обучение по государственному управлению*, https://turkmenistan.gov.tm/ru/post/89140/slushateli-akademii-gosudarstvennoj-sluzhby-pri-prezidente-turkmenistana-proshli-onlajn-obuchenie-po-gosudarstvennomu-upravleniyu (accessed on 11 June 2025). [47]

U.S. Department of State (2024), *2024 Investment Climate Statements: Turkmenistan*, https://www.state.gov/reports/2024-investment-climate-statements/turkmenistan/#:~:text=Turkmenistan%20is%20currently%20considered%20high,commercial%20law%20and%20regulatory%20regime. (accessed on 17 April 2025). [6]

U.S. Department of State (2022), *2022 Investment Climate Statements: Turkmenistan*, https://www.state.gov/reports/2022-investment-climate-statements/turkmenistan/#:~:text=for%20More%20Information-,Executive%20Summary,and%20strict%20foreign%20currency%20controls. (accessed on 15 July 2025). [48]

U.S. International Trade Administration (2023), *Turkmenistan Country Commercial Guide: Market Challenges*, https://www.trade.gov/country-commercial-guides/turkmenistan-market-challenges (accessed on 17 April 2025). [7]

UNCTAD (2024), *Turkmenistan: Trade single window eases transit, powers growth*, https://unctad.org/news/turkmenistan-trade-single-window-eases-transit-powers-growth (accessed on 8 April 2025). [31]

UNDP (2025), *UNDP Turkmenistan: About Turkmenistan*, https://www.undp.org/turkmenistan/about-turkmenistan#:~:text=Turkmenistan%20is%20an%20upper%20middle,economic%20growth%20in%20recent%20decade. (accessed on 7 April 2025). [27]

UNDP (2023), *Voluntary National Review of Turkmenistan on the progress of implementation of the Global Agenda for Sustainable Development 2023*, Turkmen State Publishing Service. [17]

UNECE (2014), *Revision of Recommendation 14: Authentication of Trade Documents*, United Nations, https://unece.org/sites/default/files/2023-09/Rec14-ECE_TRADE_C_CEFACT_2014_6E.pdf. [36]

World Bank (2025), *GDP growth (annual %) - Uzbekistan*, https://data.worldbank.org/indicator/NY.GDP.MKTP.KD.ZG?locations=UZ (accessed on 28 March 2025). [56]

World Bank (2025), *Turkmenistan: Youth unemployment rate (%), ages 15-24*, https://humancapital.worldbank.org/en/economy/TKM#other-indicators (accessed on 18 April 2025). [16]

World Bank (2019), *Uzbekistan: Toward a New, More Open Economy*, https://www.worldbank.org/en/country/uzbekistan/publication/economic-update-summer-2019 (accessed on 28 March 2025). [52]

World Bank (2014), *Entrepreneurship Education and Training Programs around the World. Dimensions for Success*, World Bank, https://openknowledge.worldbank.org/server/api/core/bitstreams/866201e2-a876-5434-a6d6-0f536968bdb6/content. [19]

WTO (2022), *Cross-border Paperless Trade Toolkit*, World Trade Organization, https://www.wto.org/english/res_e/booksp_e/paperlesstrade2022_e.pdf. [37]

Примечание

[1] Официальная цель МСЭ заключается в том, что базовые широкополосные услуги должны стать доступными в странах с низким и средним уровнем дохода (LMIC) по цене менее 2% от ежемесячного валового национального дохода (ВНД) на душу населения. Если ежемесячный ВНД на душу населения в типичной стране со средним уровнем дохода составляет 1500 долларов США, то 2% составляют 30 долларов.

3 Привлечение ПИИ: создание агентства по привлечению инвестиций

В попытке диверсифицировать источники и направления прямых иностранных инвестиций (ПИИ) и усилить их воздействие на экономическое развитие страны правительство разрабатывает соответствующие стратегии и работает над повышением глобальной видимости Туркменистана. В данной главе представлен анализ инвестиционной среды с акцентом на ключевой инструмент стимулирования инвестиций, создание которого рекомендуется правительству в связи с его отсутствием - Агентство по привлечению инвестиций (АПИ). Также рассматриваются некоторые приоритетные направления работы АПИ, которые определило правительство Туркменистана.. С целью обеспечения всестороннего анализа в данной главе также представлены дополнительные рекомендации.

Введение

Туркменистан проводит политику открытости и привлечения инвестиций в соответствии со Стратегией внешней торговли на 2021–2030 годы. Согласно этому документу, Туркменистан установил новые торговые связи с другими странами и крупными иностранными компаниями, что способствовало развитию торгово-экономического сотрудничества. В документе также говорится, что Туркменистан стремится создать конкурентную деловую и инвестиционную среду, ориентированную на привлечение прямых иностранных инвестиций (ПИИ) с целью расширения и диверсификации внешней торговли. В стратегии подчеркивается несколько ключевых мер по достижению этих целей, в том числе стимулирование инвестиционной деятельности, расширение присутствия национальных брендов на зарубежных рынках, упрощение административных процедур и устранение технических барьеров.

В настоящее время Туркменистан привлекает инвестиции на уровне, сопоставимом с другими странами Центральной Азии (Рисунок 3.1)**.** Если рассматривать пятилетнюю скользящую среднюю притока ПИИ в процентах от ВВП, то можно увидеть, что вслед за резким ростом в начале 2010-х годов, приток ПИИ неуклонно снижался по отношению к ВВП. Несмотря на достаточно позитивные показатели по привлечению инвестиций, особенно в конце 2000-х — начале 2010-х годов, последние результаты Туркменистана по привлечению новых инвестиций оказались более слабыми (Kepbanov, Horák and Ovezmyradov, 2022[1]).

Рисунок 3.1. Приток ПИИ в страны Центральной Азии по отношению к ВВП (%) — пятилетняя скользящая средняя

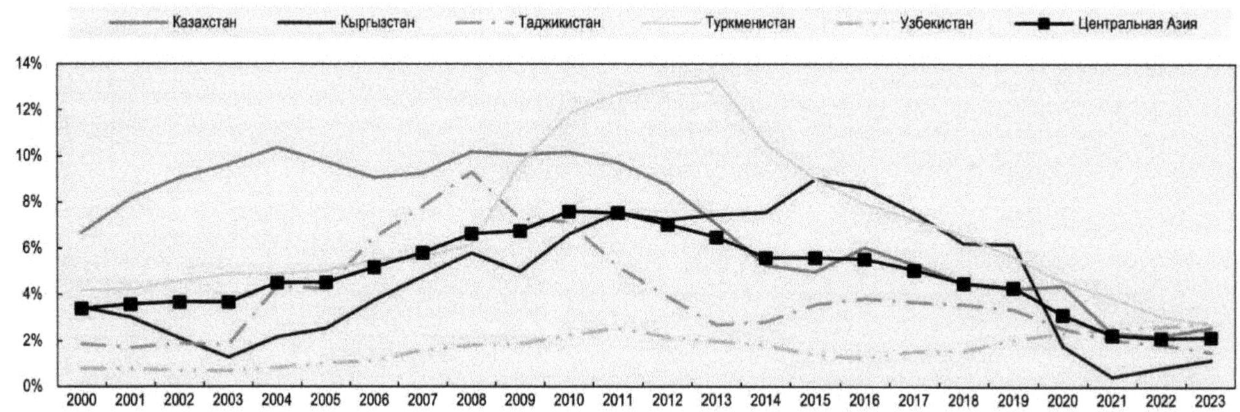

Источник: (World Bank, 2025[2])

Тем не менее, уровень ПИИ в Туркменистан является одним из самых высоких в регионе. Относительно ВВП, этот показатель на 20–30 процентных пунктов выше, чем в среднем по региону. Туркменистан и Казахстан являются двумя лидерами по уровню ПИИ в регионе, что свидетельствует о долгосрочном присутствии инвесторов и расширении экономических возможностей (Рисунок 3.2).

Рисунок 3.2. Уровень ПИИ относительно ВВП (%)

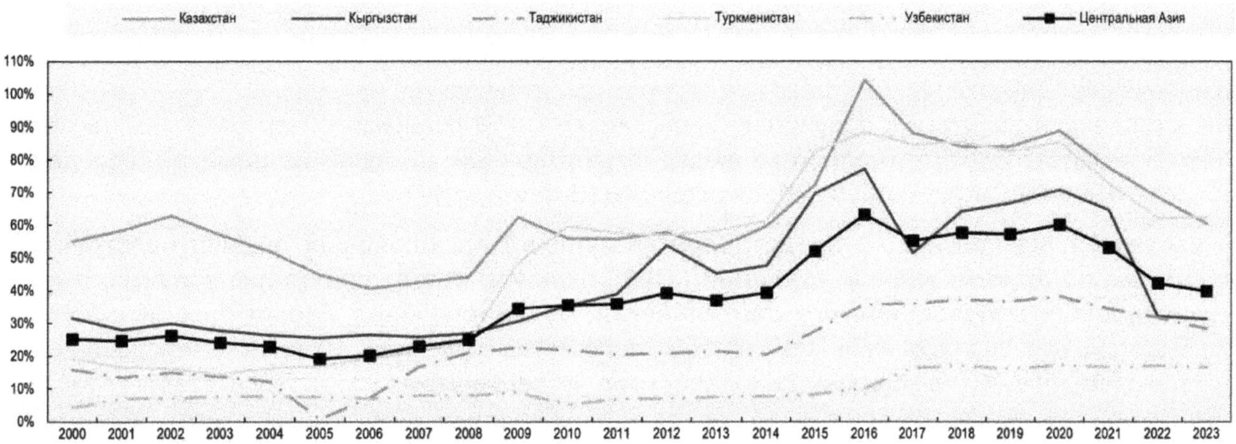

Источник: (UNCTAD, 2025[3])

Данные, предоставленные властями сотрудникам ОЭСР, указывают на то, что уровень ПИИ в отрасли, не связанные с углеводородами, ограничен. Отвечая на вопросы в анкете ОЭСР, представители правительства заявили, что на 2025 год запланировано семь проектов ПИИ: четыре направлены на строительство заводов по производству удобрений и три относятся к газовой отрасли. Примечательно, что проекты в газовой отрасли значительно превосходят по стоимости инициативы по производству удобрений (которые сами являются производными природного газа). Их стоимость 98,7% от общего объема ПИИ за год.

Прогнозы на 2026 год указывают на большую диверсификацию несмотря на то, что газовая отрасль по-прежнему будет доминировать. Ожидается, что в 2025 году в газовые проекты будет вложено около 98 миллиардов туркменских манатов (28 миллиардов долларов США), тогда как инвестиции в другие сектора на 2026 год прогнозируются на уровне всего 4,1 миллиарда туркменских манатов (1,2 миллиарда долларов США). В планах 2026 год не только дальнейшее развитие существующих отраслей, но и новые проекты в области медицины и сельского хозяйства. Также прослеживается приверженность развитию возобновляемой энергетики: запланированы инвестиции в гидроэлектростанции и солнечные электростанции.

Таблица 3.1, **в которой обобщены представленные выше результаты, показывает, что Туркменистану будет полезно дополнительно усовершенствовать механизмы привлечения инвестиций для содействия диверсификации экономики**. Создание Агентства по привлечению инвестиций (АПИ), ориентированного на привлечение инвестиций в приоритетные отрасли, стало бы основой для формирования чёткого подхода и правовой базы в поддержку экономической диверсификации и развития экспортоориентированной промышленности (Глава 1).

Таблица 3.1. Сравнительные данные по ПИИ в странах Центральной Азии (2023 г.)

	ПИИ в млрд долл.	Общий объем накопленных ПИИ в % от ВВП, данные за 2023 г.	Приток ПИИ в % от ВВП, данные за 2023 г.
Казахстан	3 223	60	1,2
Кыргызстан	0,5	31	4
Таджикистан	0,1	28	1,2
Туркменистан	1 221	63	1,9
Узбекистан	2 187	17	2,4

Источник: (UNCTAD, 2025[3]) и официальные данные, предоставленные Туркменистаном аналитикам ОЭСР.

Правительство Туркменистана обратилось к ОЭСР за рекомендациями по привлечению инвестиций. Данная глава посвящена возможности создания в стране Агенства по привлечению инвестиций (АПИ). Рекомендации опираются на Рамочную программу ОЭСР по инвестиционной политике (PFI), предлагающую подходы к формированию политики и институтов, способствующих привлечению инвестиций, а также на другие аналитические материалы ОЭСР в области инвестиционной политики и содействия инвестициям. . PFI содержит обзор различных аспектов инвестиционной политики и помогает лицам, ответственным за принятие решений, определить области, в которых могут потребоваться реформы (Вставка 3.1).

В частности, на Рисунок 3.3 **представлен краткий обзор ключевых элементов структуры Агентства по привлечению инвестиций (АПИ), включая организационные аспекты, а также два основных направления его деятельности:** 1) **Привлечение инвестиций**, под которым понимается позиционирование страны как перспективного инвестиционного направления и привлечение новых инвесторов; 2) **Содействие инвестициям**, что предполагает упрощение различных административных и иных процедур, необходимых для осуществления (в том числе повторных) инвестиций, в которых заинтересован инвестор (OECD, 2015[4]).

Настоящая глава посвящена рассмотрению этих трёх тем. По запросу правительства Туркменистана также анализируется возможность включения в функции АПИ работы с особыми экономическими зонами (СЭЗ) и механизмами государственно-частного партнёрства (ГЧП).

Вставка 3.1. Рамочная концепция ОЭСР в области инвестиций

В 2015 году ОЭСР разработала Рамочную концепцию в области инвестиций, которая предлагает целостный подход к формированию законодательства с целью стимулирования инвестиций по двенадцати ключевым направлениям. Концепция содержит рекомендации, основные вопросы для выявления областей совершенствования и дополнительные вопросы для углубленного анализа. Основные рекомендации включают в себя следующее:

- **Инвестиционная политика:** установить прозрачные, недискриминационные правила, защищающие права инвесторов и гарантирующие справедливый подход.
- **Привлечение и содействие инвестициям:** реализовать стратегии по привлечению и удержанию инвестиций, в том числе созданию АПИ и снижению административных барьеров.
- **Торговая политика:** путем улучшения условий выхода на рынки и устранения торговых барьеров добиться того, чтобы политика в сфере торговли соответствовала инвестиционным приоритетам.
- **Конкурентная политика:** поощрять справедливую конкуренцию путем разработки и применения эффективного антимонопольного законодательства.
- **Налоговая политика:** сформировать прозрачную и действенную систему налоговых преференций, предотвращая при этом злоупотребление налоговым планированием.
- **Корпоративное управление:** создать основу для ответственного корпоративного управления и подотчетности.
- **Ответственное ведение бизнеса:** поощрять этичные методы ведения бизнеса и вклад в устойчивое развитие.
- **Развитие кадров:** совершенствовать систему образования и профессиональной подготовки для обеспечения работников необходимыми навыками.
- **Инвестиции в инфраструктуру:** мобилизовать государственные и частные инвестиции в ключевую инфраструктуру.
- **Финансирование инвестиций:** развивать финансовые рынки институты с целью предоставления доступных возможностей кредитования.
- **Государственное управление:** способствовать проведению согласованной политики через обеспечение эффективной работы государственных органов и упрощение административных процедур.
- **Рамочная инвестиционная концепция с целью поддержки «зеленого» роста:** содействовать инвестициям в экологически безопасную инфраструктуру, а также в товары и услуги, связанные с охраной окружающей среды.

Источник: (OECD, 2015[4]).

Тема 1: Создание и мандат Агенства по Привлечению Инвестиций

Туркменистан мог бы извлечь выгоду из создания АПИ и разработки всеобъемлющей национальной инвестиционной стратегии, направляющей его деятельность

Создание АПИ могло бы значительно усилить институциональные возможности Туркменистана в привлечении и содействии качественным инвестициям

АПИ играют ключевую роль в продвижении страны как инвестиционного направления, а также в облегчении входа инвесторов на рынок и расширения их деятельности в соответствии с национальными целями развития. Эффективность таких агентств значительно возрастает, когда их деятельность согласуется с более широкими приоритетами государственной политики, включая создание рабочих мест, повышение производительности труда и диверсификацию экономики. В случае Туркменистана создание АПИ могло бы способствовать более целенаправленному привлечению инвестиций в новые сектора за пределами углеводородной отрасли, такие как сельское хозяйство, энергоэффективность и устойчивое управление водными ресурсами. Кроме того, АПИ могло бы предоставлять ключевые услуги по сопровождению инвесторов, способствуя преодолению административных барьеров и стимулированию реинвестирования. Помимо этого, АПИ способны оказывать поддержку правительствам в условиях усиливающейся конкуренции за инвестиции и усложняющейся глобальной экономической среды, помогая сосредоточить усилия на инвестиционных возможностях, обеспечивающих высокий экономический эффект, устойчивость и инклюзивность (OECD, 2019[5]). Большинство стран ОЭСР уже создали аналогичные агентства с целью усиления инвестиционного притока.

Рисунок 3.3. Упрощенная схема реализации функций АПИ в соответствии с Рамочной концепцией ОЭСР в области инвестиций

Источник: на основе информации из (OECD, 2015[4])

Имеется общее видение инвестиционной политики, но стратегическое видение, по-видимому, носит краткосрочный характер

Правительство содействует привлечению ПИИ посредством ряда юридических и нормативных реформ. Было принято несколько экономических стратегий, а именно *Программа «Возрождение новой эпохи могущественного государства: Национальная программа социально-экономического развития Туркменистана на 2022–2052 годы»* и *Президентская программа по социально-экономическому развитию страны на 2022–2028 годы.* Среди ключевых инициатив, упомянутых в ответах правительства на вопросник ОЭСР, — создание специальных экономических зон (СЭЗ), упрощенная система налогообложения, программы поддержки цифровизации и содействие государственно-частным партнерствам (ГЧП). Упомянутые реформы включают в себя усиление защиты прав интеллектуальной собственности и ослабление ограничений на создание совместных предприятий, однако эксперты ОЭСР не смогли установить, проводились ли эти реформы и в каком объеме.

При проведении инвестиционной политики правительство Туркменистана руководствуется рядом законодательных актов, направленных на регулирование и развитие инвестиционной деятельности. Правовая база поддержки инвестиций включает в себя законы об углеводородных ресурсах, валютном регулировании, иностранных инвестициях и инвестиционной деятельности[1]. В 2017 году правительство приняло законы о СЭЗ с целью предоставления дополнительной поддержки как местным, так и иностранным компаниям. Инвестиционная стратегия Туркменистана направлена на привлечение инвестиций в основной капитал и инновации, производство продукции с высокой добавленной стоимостью, создание рабочих мест и развитие человеческого капитала. Также уделяется внимание обеспечению экологической и социально-экономической безопасности страны.

Конкретные инвестиционные стратегии существуют, но, по-видимому, не отражают единой долгосрочной цели. В дополнение к общим руководящим принципам, установленным вышеупомянутыми экономическими и торговыми стратегиями, в Туркменистане также существуют стратегии, разработанные специально для инвестиционной политики. При этом доступная информация противоречива. Если взять только пример последних лет, то, в 2024 году, видимо, существовала независимая инвестиционная стратегия (Turkmenistan Altyn Asyr, 2024[6]), в то время как в 2025 году инвестиционная стратегия уже входит в «Программу социально-экономического развития и инвестиций Туркменистана в 2025 году». Эта программа, как сообщается, предусматривает отдельные задачи по развитию инвестиционной политики, в том числе посредством модернизации законодательной базы (The State News Agency of Turkmenistan, 2025[7]). Она также содержит технические данные о различных инвестиционных проектах, запланированных на год: описание проектов, расположение и стоимость (Turkmen Portal, 2025[8]). Наличие нескольких, не связанных между собой стратегий указывает на отсутствие долгосрочного стратегического видения по привлечению ПИИ.

Ответственность за инвестиционную политику распределена между несколькими учреждениями в отсутствие АПИ

Обязанности по разработке и реализации инвестиционной политики возложены главным образом на Кабинет Министров, а ведущую роль играет Министерство финансов и экономики. Кабинет Министров, которому Президент лично дает поручения по улучшению инвестиционного климата и увеличению притока иностранных инвестиций (The State News Agency of Turkmenistan, 2025[7]), принимает решения по приоритетным инвестиционным проектам и курирует подготовку и заключение инвестиционных соглашений. В ведении Министерства финансов и экономики (МФЭ) находится регистрация инвестиционных проектов и хозяйствующих субъектов, координация и анализ инвестиционной деятельности, а также информационноконсультационная поддержка инвесторам. Помимо этого, МФЭ совместно с другими министерствами и ведомствами готовит инвестиционную программу на следующий финансовый год. МФЭ также возглавляло организацию первого международного инвестиционного форума в Ашхабаде в 2024 году, а также второго – в Авазе в 2025 году.

При Министерстве финансов и экономики Туркменистана действует Агентство по защите экономики от рисков, которое вносит предложения в Межведомственную комиссию по защите экономики от рисков о государственной регистрации, перерегистрации или отказа в регистрации филиалов, представительств иностранных юридических лиц, а также предприятий с участием иностранных инвестиций. Агентство также подготавливает заключения на основании решений Межведомственной комиссии.. Таким образом, МФЭ имеет очень широкие уполномочия в сфере инвестиций, начиная от разработки инвестиционной политики и заканчивая привлечением и поддержкой иностранных инвестиций.

Банки также играют важную роль в обеспечении инвестиционной деятельности. Государственный банк внешнеэкономической деятельности Туркменистана является уполномоченным правительством агентом на международных рынках капитала: он привлекает средне- и долгосрочные иностранные кредиты для финансирования стратегически важных инвестиционных проектов (State Bank for Foreign Economic Affairs of Turkmenistan, 2025[9]). Центральный банк Туркменистана также играет важную роль в сфере инвестиций: он осуществляет валютный контроль, в том числе путем ограничения операций по конвертации туркменских манатов (ТМТ) в доллары США (USD) (U.S. Department of State, 2016[10]).

Проведение инвестиционной политики поддерживается Торгово-промышленной палатой (ТПП) Туркменистана, которая, помимо прочего, отвечает за привлечение иностранных предприятий в страну. В 2024 году Палата организовала 27 выставок в рамках деятельности по привлечению инвестиций. Международные форумы, в том числе мероприятия в Туркменистане и за рубежом, использовались для продвижения законодательных изменений и демонстрации возможностей для иностранных инвесторов (Chamber of Commerce and Industry of Turkmenistan, 2024[11]).

Союз промышленников и предпринимателей (СПП) служит мостом между бизнесом и правительством и действует как орган правительства для учета мнений. Тем не менее, ни при Президенте, ни при Кабинете Министров нет специального совета по инвестициям или высокоуровневой платформы для регулярного диалога с инвесторами. Такой фрагментированный подход к привлечению и поддержке инвестиций подчеркивает необходимость в более упорядоченной и скоординированной институциональной структуре для эффективного привлечения и управления иностранными инвестициями в Туркменистане.

Рисунок 3.4. Упрощенная схема взаимодействия государственных и негосударственных органов по инвестиционной политике Туркменистана

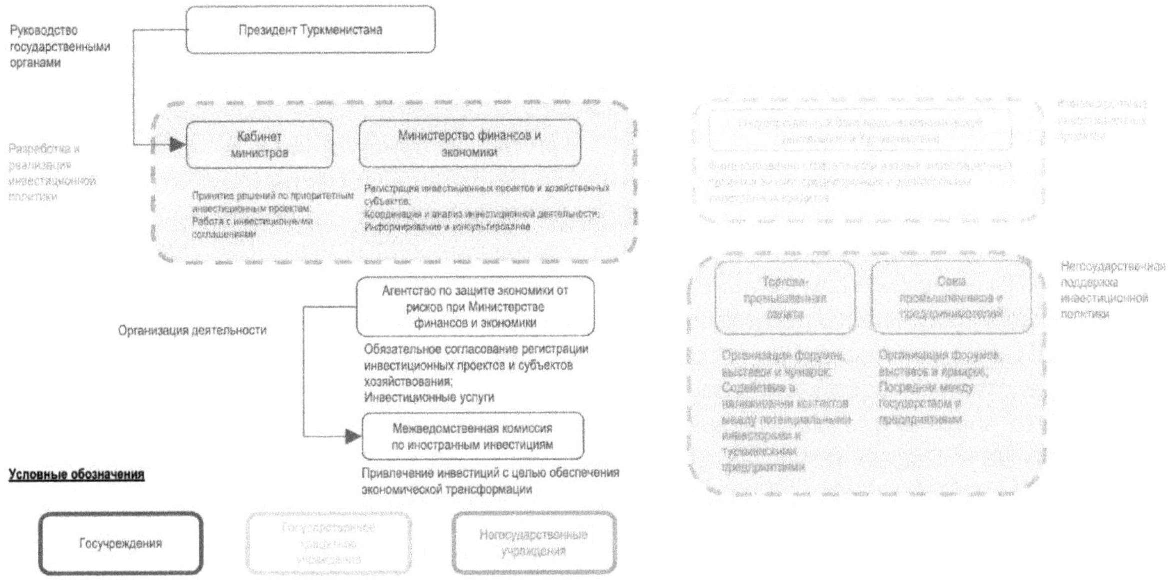

Источник: ОЭСР, анализ

Рекомендации

Рекомендация 1.1: создать АПИ

Правительству Туркменистана целесообразно рассмотреть возможность создания АПИ. В первую очередь следует чётко определить мандат агентства и согласовать его с национальными приоритетами развития, обеспечив возможность функционирования в качестве «единого окна» для инвесторов. Для эффективности крайне важно сформировать правовую и институциональную основу, предоставляющую агентству достаточную автономию и ресурсы, хотя не существует единого подхода — каждая страна адаптирует мандат, подотчётность и ресурсы АПИ в соответствии со своей институциональной структурой. К первоначальным шагам можно отнести назначение квалифицированной руководящей команды, создание механизмов межведомственной координации и разработку комплексной стратегии продвижения инвестиций, ориентированной на приоритетные секторы. Основные функции АПИ должны включать активные поиск и определение инвесторов, содействие в инвестиционных процедурах (включая получение лицензий и разрешений), предоставление достоверных данных о рынке и аналитической информации, сопровождение инвесторов после захода на рынок, а также мониторинг инвестиционных проектов с целью обеспечения соблюдения требований и оценки их воздействия. Кроме того, агентству следует способствовать развитию диалога между государственным и частным секторами для решения проблем инвестиционного климата, а также использовать возможности международного сотрудничества и лучшие мировые практики (OECD, 2015[4]).

Рекомендация 1.2: разработать инвестиционную стратегию как неотъемлемую часть общей стратегии экономического развития

Последовательная и структурированная инвестиционная стратегия, представляющая ключевые отрасли и меры по привлечению ПИИ, позволит Туркменистану предложить потенциальным инвесторам четкое направление для понимания общеэкономических и

отраслевых приоритетов государства. В стратегии может содержаться «дорожная карта», описывающая шаги, необходимые для продвижения и облегчения ПИИ, ориентированных на экспорт. При помощи Инструментария политики качества ПИИ ОЭСР можно выделить меры, которые обеспечат вклад притока ПИИ в передачу навыков и технологий, интеграцию местных компаний в глобальные цепочки создания стоимости, а также и другие положительные эффекты ПИИ, такие как цифровой переход и экологически безопасное развитие.

Мандат агентства должен соответствовать целям, обозначенным в инвестиционной стратегии. Стратегия также должна определить приоритеты в области ПИИ, в то время как агентство должно быть соответствующим образом организовано и обеспечено стабильным бюджетом для реализации этих целей. Согласно исследованию ОЭСР от 2020 года по вопросам деятельности АПИ в евразийском регионе, многие агентства сталкивались с серьезными вызовами из-за нехватки ресурсов. Анализ показал, что размер бюджетов этих агентств напрямую зависит от показателя ВВП на душу населения в соответствующей стране. Тем не менее, Kazakh Invest в Казахстане представляет собой заметное исключение. Это агентство имеет в штате более 100 сотрудников, что почти в три раза превышает средний показатель среди стран-членов ОЭСР, а также зарубежные представительства для обеспечения более эффективного представления интересов страны (OECD, 2020[12]). Тем не менее, учитывая, что конкурентоспособность экономики определяется развитием различных сфер государственной политики, стратегия должна устанавливать функции и полномочия иных государственных структур для обеспечения согласованности действий всех институтов в рамках единой задачи подобно тому, как это было сделано Турции (Вставка 3.2).

Вставка 3.2. Инвестиционное бюро при Президенте Турецкой Республики

Вопросы, связанные с инвестициями в Турции, курирует государственный орган, подотчетный Президенту, — Инвестиционное бюро. Бюро действует в качестве АПИ, отвечая за разработку общенациональной инвестиционной стратегии, в которой оно не играет исключительной роли. Действительно, наряду с Бюро, стратегия предусматривает значительную роль для многочисленных министерств, таких как Министерство казначейства и финансов, Министерство юстиции, Министерство промышленности и технологий, Министерство энергетики и природных ресурсов, Министерство окружающей среды, урбанизации и изменения климата, Министерство казначейства и финансов, Министерство транспорта и инфраструктуры, Министерство торговли, Министерство труда и социального обеспечения, Министерство национального образования, Министерство по делам семьи и социальных служб, а также других органов, таких как Совет по высшему образованию и Бюро цифровой трансформации Турции.

Такое сочетание различных субъектов позволяет Бюро сосредоточиться на конкретных задачах. В основном это задачи, связанные с привлечением инвестиций, такие как коммуникации, разработка программ сотрудничества как с национальными, так и с международными заинтересованными сторонами, а также выявление потенциальных направлений для инвестиций. Таким образом, работа по содействию инвестициям в конкретных областях политики напрямую ведется соответствующим министерством, в то время как вклад Бюро в основном проявляется в решении административных проблем, с которыми сталкиваются инвесторы. Такой подход имеет преимущество, поскольку он формирует глобальное видение, при котором ожидается, что субъекты будут действовать скоординированно.

Источник: (Investment Office of the Presidency of the Republic of Türkiye, 2024[13])

Рекомендация 1.3: структура АПИ должна способствовать участию частного сектора, но единой модели, гарантирующей успех, не существует

В мире нет единого формата агентства по привлечению инвестиций, который считался бы наилучшим. Успешные агентства работают в различных институциональных условиях: некоторые являются более или менее автономными органами, в то время как другие интегрированы в министерства или государственные ведомства. Они могут отчитываться непосредственно перед президентом или премьер-министром либо перед конкретным министерством. То же самое относится к его управлению и полномочиям: существуют различные модели, которые представляются эффективными. Эффективность АПИ зависит не только от их институциональных условий, но и от выделения адекватных человеческих и финансовых ресурсов. При этом четкие и эффективные механизмы управления и отчетности в значительной степени способствуют результативности АПИ. Успешные агентства такого типа часто работают с высокой степенью автономии и поддерживают прочные связи с частным сектором, нередко включая представителей частного сектора в свой персонал и советы директоров, чтобы обеспечить глубокое понимание потребностей инвесторов и предоставлять более актуальные услуги (World Bank, 2023[14]). В Туркменистане правительство может рассмотреть возможность создания АПИ либо в качестве части существующей государственной структуры, либо в качестве полуавтономного органа. Учитывая нынешнюю институциональную структуру, АПИ потенциально может отчитываться перед Министерством финансов и экономики или напрямую перед Кабинетом министров.

Рекомендация 1.4: полномочия АПИ могут выходить за рамки инвестиционной деятельности

Вопросы привлечения и содействия инвестициям будут рассмотрены ниже, но стоит отметить, что АПИ могут выполнять и другие функции, способствующие развитию национальной экономики. Опрос АПИ в Восточной Европе, на Южном Кавказе и в Центральной Азии, проведенный в 2020 году, показал, что в этом регионе на них часто возлагаются дополнительные обязанности помимо традиционного привлечения инвестиций. Дополнительные полномочия включают в себя поддержку малого и среднего предпринимательства (МСП), содействие региональному развитию, ГЧП, программы приватизации, а также деятельность по экспертизе и согласованию инвестиционных проектов (OECD, 2020[12]).Например, правительство Туркменистана может рассмотреть возможность добавления функций поддержки экспорта в перечень полномочий АПИ, что соответствует государственной политике по продвижению экспорта. Так, АПИ Азербайджана — AZPROMO — совмещает привлечение инвестиций с деятельностью по поддержке экспорта. Подобная модель также применяется в некоторых странах ОЭСР (Вставка 3.3). Такой подход может послужить моделью для Туркменистана в целях усиления торгового потенциала и поддержки усилий по диверсификации экономики.

Вставка 3.3. AZPROMO, пример АПИ из Азербайджана

Агентство поощрения экспорта и инвестиций Азербайджанской Республики (AZPROMO) играет ключевую роль в стимулировании ненефтяного сектора страны. Созданное в 2003 году и реорганизованное в 2021 году, оно служит платформой «одного окна» с двойной функцией: поддержкой фирм-экспортеров и привлечением инвестиций в ненефтяное производство для увеличения доли этого сектора в ВВП Азербайджана. Такая модель может поддержать усилия по диверсификации экономики Туркменистана.

AZPROMO предоставляет ценную информацию о правовой базе и инвестиционных возможностях. Сайт агентства (AZPROMO | AZPROMO) содержит все необходимое законодательные акты для инвесторов и экспортеров, сгруппированные по иерархии нормативных актов в Азербайджане, включая нормативные акты исполнительных органов. Это позволяет пользователям быстро и эффективно оценивать необходимую правовую информацию, а также отчеты, презентации инвестиционных проектов, руководства и результаты аудита.

Агентство также активно взаимодействует с частным сектором для содействия экспорту. В рамках Клуба экспортеров оно предлагает оперативную поддержку и проводит встречи для повышения знаний предприятий о таких процедурах как упаковка, маркировка и логистика. Экспортная академия дополнительно поддерживает эту деятельность путем предоставления трехмесячных программ онлайн-обучения, в рамках которых государственные служащие преподают бизнес-стратегию экспорта, операции и процедуры.

Источник: (AZPROMO, 2025[15])

Тема 2: Привлечение инвестиций

Туркменистан использует несколько методов для привлечения инвестиций, но может извлечь выгоду из более централизованного подхода

В стране уже действуют отдельные меры по привлечению инвестиций

В настоящее время Туркменистан применяет целевые меры по продвижению инвестиций, предлагая отраслевые стимулы для привлечения иностранного капитала и стимулирования экономического роста. Правительство выделяет приоритетные секторы, такие как нефтегазовая отрасль, сельское хозяйство и туризм, предоставляя специальные льготы — налоговые послабления, освобождение от импортных пошлин и доступ к особым экономическим зонам. Отраслевые целевые политики имеют важное значение, поскольку они служат стимулом для привлечения прямых иностранных инвестиций (ПИИ). Во Вставка 3.4 представлена позиция ОЭСР относительно роли стимулов в продвижении инвестиций. Кроме того, согласно Отчёту о переходных процессах Европейского банка реконструкции и развития (ЕБРР) за 2024 год, отрасли, которые получили выгоду от целевых политик, как правило, демонстрируют 2,8-кратный рост числа проектов с участием ПИИ в течение десяти лет после внедрения соответствующей государственной политики (EBRD, 2024[16]).

Вставка 3.4. Видение ОЭСР роли стимулов в привлечении инвестиций

Инвестиционные стимулы предоставляют инвесторам особые преимущества, недоступные другим предприятиям в пределах данной юрисдикции. Они представляют собой инструмент государственной политики, используемый для поощрения инвестиций в соответствии со стратегическими целями правительства за счёт создания более привлекательных условий для потенциальных инвесторов. Часто такие меры направлены на повышение производительности, стимулирование инноваций и создание рабочих мест. Организация экономического сотрудничества и развития (ОЭСР) выделяет четыре категории инвестиционных стимулов (Таблица 3.2).

Таблица 3.2. Классификация стимулов

Тип	Описание	Примеры
Налоговые стимулы	Инвестиционные стимулы, влияющие на поступления государственных доходов, такие как предоставление льгот по налогам и таможенным пошлинам, а также другие виды преференций	Налог на прибыль предприятий, налог на добавленную стоимость, таможенные и импортные пошлины
Финансовые стимулы	Прямой перевод государственных средств, другие механизмы государственного финансирования или поддержки	Прямые гранты, субсидированные кредиты, гарантия по кредитам
Стимулы в недежной форме	Предоставление государством товаров и услуг по цене ниже рыночной или бесплатно, с определимой денежной стоимостью	Предоставление земли или инфраструктуры для конкретных проектов или территорий по цене ниже рыночной, например, в особых экономических зонах
Регуляторные и нефинансовые стимулы	Освобождение от стандартных правил и норм, некоторые специализированные регулирования, специализированная помощь и услуги, а также другая неденежная поддержка со стороны государства	Преференциальные стандарты и нормы, такие как упрощённые административные требования и процедуры, административные и регуляторные льготы.

Источник: эта таблица взята из (OECD, 2024[17]).

Однако инвестиционные стимулы являются лишь одним из факторов, учитываемых фирмой при принятии решения о вложении инвестиций. Обратная связь от агентств по привлечению инвестиций ОЭСР показывает, что они оценивают эффективность инвестиционных стимулов для привлечения инвесторов как сравнительно низкую по сравнению с такими факторами, как транспортная доступность и инфраструктура, высококвалифицированная рабочая сила, прогнозируемый рост, размер рынка и благоприятная правовая и административная среда. Это свидетельствует о том, что продвижение инвестиций тесно связано с общей деловой средой страны, а не только с её отдельными компонентами.

Если правительство сочтёт целесообразным введение конкретных фискальных стимулов для инвесторов, такие меры должны быть ориентированы на поддержку видов деятельности, способных к устойчивому самофинансированию. Например, если рассматриваются прямые налоговые стимулы, их следует связывать с процессом формирования капитала. Таким образом, предпочтение следует отдавать ускоренной амортизации, инвестиционным налоговым кредитам или временным освобождениям от пошлин на капитальные товары. Эти меры напрямую снижают стоимость капитала для новых инвестиционных проектов, стимулируя инвестиции, которые в противном случае могли бы не осуществиться. Кроме того, такие меры, основанные на стоимости, легче отменить по мере развития проекта, чем стимулы, зависящие от дохода, например налоговые каникулы по налогу на прибыль компаний (CIT), поскольку их значимость обычно уменьшается по мере созревания проекта.

Напротив, стимулы, зависящие от дохода, такие как налоговые каникулы и освобождения от налога на прибыль, в целом считаются нежелательными. Они могут мало помочь стартапам, инновационным компаниям или уже существующим предприятиям, реализующим крупные новые проекты, которые на начальном этапе развития могут не приносить прибыли и, соответственно, не иметь налога к уплате. В то же время такие стимулы могут принести сверхприбыль уже успешным проектам и часто стимулируют налоговое планирование и трансфертное ценообразование в попытке перенести деятельность с предприятий, не подпадающих под льготу, на льготные. В той мере, в какой они вообще способствуют новым инвестициям, они, как правило, приносят выгоду проектам с относительно коротким сроком окупаемости (т.е. в течение периода льгот), в ущерб долгосрочным начинаниям. Кроме того, международный опыт показывает, что такие стимулы сложно отменить, поскольку бенефициары имеют сильную мотивацию добиваться их продления.

Эффективность налоговых стимулов также зависит от того, предусмотрена ли для компаний возможность переноса убытков на будущие периоды. Это создаёт ряд вопросов при проектировании стимулов. Взаимодействия могут частично или полностью нейтрализовать ценность налоговых стимулов, основанных на расходах, а ценность стимулов, зависящих от прибыли, будет снижена, если убытки можно переносить на будущие периоды.

Источник: (OECD, 2024[18])

Привлечению инвестиций помогают как государственные, так и негосударственные учреждения

Как отмечалось выше, ответственность за разработку и реализацию инвестиционной политики в настоящее время распределена между рядом государственных органов в Туркменистане, и эта ситуация отражается и при анализе деятельности по привлечению инвестиций. В соответствии с Законом об иностранных инвестициях, Кабинет Министров определяет политику международного инвестиционного сотрудничества, а также государственные программы, направленные на привлечение инвестиций. Определение приоритетных целей, отраслей и областей для инвестиций — ключевая предпосылка для эффективного стимулирования инвестиций — также находится в ведении Кабинета Министров.

Закон также определяет Министерство финансов и экономики как «уполномоченный орган», которому, среди прочего, поручено координировать деятельность правительства в области иностранных инвестиций, заведовать регистрацией инвестиционных проектов и вносить в Кабинет Министров предложения по улучшению инвестиционного климата (Mejlis of Turkmenistan, 2019[19]). Закон ограничивается описанием целей уполномоченного органа, но его задачи, по-видимому, поделены между Межведомственной комиссией по иностранным инвестициям, которая отвечает за привлечение иностранных инвестиций для обеспечения перехода страны к «современным рыночным отношениям» (The State News Agency of Turkmenistan,

2019[20]), и Агентством по защите от экономических рисков при Министерстве финансов и экономики Туркменистана, которое постановлением Президента №1370 от 9 августа 2019 года распространило свою компетенцию на организацию деятельности Межведомственной комиссии по иностранным инвестициям (Ministry of Finance and Economy of Turkmenistan, 2022[21]). Агентство по защите от экономических рисков собирает информацию о иностранных юридических лицах, а также о предприятиях с иностранными инвестициями, проверяет их «надёжность» и консультирует Межведомственную комиссию относительно того, следует ли предоставлять компании право на реализацию инвестиционных проектов в стране. Обеспечение свободного онлайн-доступа к основному и подзаконному законодательству, регулирующему деятельность этих институтов, желательно на нескольких языках, упростило бы потенциальным инвесторам процесс взаимодействия с Туркменистаном.

Привлечением инвестиций в Туркменистане также занимаются неправительственные организации. Например, Торгово-промышленная палата отвечает за привлечение иностранных компаний в Туркменистан. Это осуществляется в основном путем организации выставок и ярмарок с целью формирования позитивного образа у зарубежных партнеров (Chamber of Commerce and Industry of Turkmenistan, 2025[22]). Деятельность ТПП дополняет Союз промышленников и предпринимателей, который также играет важную роль в привлечении инвестиций, обеспечивая (помимо защиты интересов местных предпринимателей) организацию различных форумов, ярмарок и выставок, оказывая помощь в установлении связей между инвесторами и местными компаниями, проводя маркетинговые мероприятия и помогая заинтересованным инвесторам устанавливать контакты с туркменскими предпринимателями (Union of Industrialists and Entrepreneurs of Turkmenistan, 2025[23]).

Привлечение инвестиций осуществляется на разных уровнях, но требуется дальнейшее взаимодействие с потенциальными инвесторами

Деятельность по привлечению инвестиций, по-видимому, сосредоточена на организации международных форумов. Инвестиционные форумы проводятся как внутри, так и за рубежом, например, форум «Инвестиции в будущее Туркменистана» 2025 года. Такие мероприятия служат платформами для обмена опытом, установления партнерских отношений и «реализации амбициозных проектов в различных секторах экономики» (Government of Turkmenistan, 2024[24]). Туркменистан имел возможность участвовать в мероприятиях по привлечению инвестиций в рамках международных форумов, организованных партнерами, например, Инвестиционного форума по транспортному сообщению между ЕС и Центральной Азией, на котором была организована сессия, посвященная туркменским инвестиционным проектам в транспортном секторе (Business Turkmenistan, 2024[25]). Присутствие Туркменистана на международной арене растет, о чем свидетельствуют 16 мероприятий по привлечению инвестиций, запланированных на 2025 год в различных отраслях (Business Turkmenistan, 2025[26]). Кроме того, встречи двусторонних деловых советов, например, делового совета Франция–Туркменистан, имеют решающее значение для инвесторов, позволяя им узнать больше об инвестиционных возможностях и экономическом потенциале Туркменистана (MEDEF, 2025[27]).

В Туркменистане разработан единый сайт, www.invest.gov.tm**, чтобы упростить доступ инвесторов к информации об инвестиционных возможностях, законодательстве и процедурах .** На нем представлена общая информация об инвестиционной политике (хотя эту информацию необходимо чаще обновлять), описание мер правовой поддержки, доступной инвесторам (хотя без ссылок на конкретные законодательные акты), а также информация о прошедших и актуальных тендерах. На сайте также есть интерактивная инвестиционная карта, хотя, судя по всему, она не отражает всех существующих проектов на момент написания данного отчета (июнь 2025 года) (Invest in Turkmenistan, 2025[28]).

Такой сайт — похвальная инициатива, но его можно усовершенствовать путем внесения ряда изменений. Например, раздел «Отрасли» в Руководстве для инвесторов в настоящее время пуст; его наполнение описаниями приоритетных проектов и секторов, а также информацией о ключевых государственных участниках позволит устранить существующий пробел. Аналогично, раздел, посвящённый регионам Туркменистана, который на середину 2025 года был не заполнен, целесообразно дополнить. Это позволит более полно представить страну заинтересованным инвесторам и продемонстрировать инвестиционные возможности в различных регионах.

Полезно будет предоставить потенциальным инвесторам больше информации по таким вопросам, как рынок труда, статистика ПИИ и визовые процедуры. Более того, хотя сайт доступен на трех языках — туркменском, английском и русском, — не все внешние ссылки доступны, поскольку только у шести из девяти сайтов, упомянутых в Руководстве для инвестора, были полностью рабочие версии на английском языке (Invest in Turkmenistan, 2025[28]). Доступную официальную информацию об эффективности инвестиций порой сложно понять. Это затрудняет ее использование в качестве руководства к действию. Например, власти объявили, что план инвестиций в сельское хозяйство на 2024 год был выполнен на 388,5% (Government of Turkmenistan, 2024[29]), но такое заявление вызывает больше вопросов, чем ответов, поскольку отсутствует информация о том, на чем основывался первоначальный план, а также об источниках и направлениях инвестиций.

Иностранные инвесторы также сообщают о трудностях в налаживании контактов с местными партнерами и государственными учреждениями. Инвесторы, опрошенные командой ОЭСР, сообщили о сложностях с поддержанием эффективной связи с государственными учреждениями при последующих встречах на международных форумах или во время визитов в страну. Кроме того, респонденты сообщили о трудностях в поиске местных партнеров. АПИ может помочь наладить такие контакты и обеспечить эффективное последующее взаимодействие с государственными органами.

Рекомендации

Рекомендация 2.1: АПИ должно предоставить инвесторам более расширенный доступ к информации и расширять информационный охват путем проведения мероприятий на международном уровне

Туркменистан делает успехи в развитии политики привлечения инвестиций через международные форумы и должен продолжать подобную информационную деятельность. Такие меры по формированию имиджа, как деятельность по связям с общественностью или реклама, полезны для повышения осведомленности международных инвесторов о Туркменистане. Полезно будет разработать целевой подход, основанный на отраслевом принципе. Это позволит более подробно представить национальные потребности и цели, относящиеся к конкретным отраслям (GIZ, 2020[30]). Правительство также могло бы рассмотреть организацию параллельных мероприятий для того, чтобы познакомить местных и иностранных предпринимателей, а также могло бы рассмотреть приглашение большего количества международных компаний, учитывая, что участники предыдущих форумов были в основном представителями партнеров по развитию.

Существующий сайт является ключевым инструментом для продвижения инвестиций и должен быть направлен облегчение доступа инвесторов к основным данным. Следовательно, правительство должно разместить на этом веб-сайте детальную информацию о возможностях инвестирования в различные секторы. Существующий портал нуждается в регулярном обновлении и улучшении доступности контента, ориентированного на основные потребности инвесторов, и добавлении интерактивных руководств. Инструменты для сравнения экономических показателей Туркменистана с аналогичными странами помогут инвесторам точнее оценить преимущества страны (UNCTAD, 2023[31]). Правительство может ознакомиться с сайтом эстонского агентства по инвестициям Invest in Estonia, в разделе «Возможности» которого представлено 20 категорий, относящихся к различным отраслям: пищевой промышленности, услуг для бизнеса, здравоохранению, финансовым технологиям и даже оборонной промышленности. Каждая категория содержит описание преимуществ страны в соответствующей отрасли, обзор рынка и несколько примеров из практики (Invest in Estonia, 2025[32]).

Рекомендация 2.2: определить систему мониторинга и оценки (МиО) и чёткие ключевые показатели эффективности (КПЭ), чтобы обеспечить соответствие работы АПИ более широким целям экономического развития правительства

Эффективные системы мониторинга и оценки (M&E) имеют решающее значение для агентств по привлечению инвестиций, поскольку они помогают привлекать качественные инвестиции и максимизировать вклад прямых иностранных инвестиций (ПИИ) в национальное развитие. Для Туркменистана надёжные механизмы M&E могут сыграть преобразующую роль, повышая прозрачность, направляя политику и укрепляя коммуникацию с инвесторами. Для этого требуется доступ к релевантным и регулярно обновляемым данным – распространённая проблема для многих агентств. В попытке решить проблемы, возникающие из-за возможных искажений при самостоятельной отчётности компаний, ОЭСР предложила связывать поддержку агентства компаниям с требованием предоставлять корректную отчётность о своей деятельности. Например, Ирландское агентство по привлечению прямых иностранных инвестиций – IDA Ireland – использует такой подход для сбора данных о занятости и экономической активности через обязательные опросы, результаты которых доступны сторонним пользователям (OECD, 2024[18]). Прямое взаимодействие с инвесторами для получения обратной связи и оперативных данных позволило бы Туркменистану повысить точность и актуальность собираемой информации (OECD, 2019[5]).

Однако внутренние данные имеют определенные ограничения для проведения анализа. В связи с этим агентству целесообразно установить институциональные связи с внешними источниками, способными отслеживать параметры, которые традиционно сложно измерить для АПИ, например вопросы, связанные с навыками или инновациями. В странах ОЭСР для таких задач могут привлекаться частные поставщики данных, однако сбор внешней информации может также осуществляться государственными структурами. Например, агентство InvestChile получает данные от Министерства финансов, Налоговой службы и Национальной таможенной службы. Опыт Чили показывает, что агентства могут улучшить качество данных, предлагая своим институциональным партнёрам включать в опросы новые, целевые вопросы, что делает процесс сбора информации более точным (OECD, 2024[17]).

Среди различных инструментов M&E агентству будет полезно разработать чёткие ключевые показатели эффективности (КПЭ), чтобы обеспечить согласованность своей работы с национальными инвестиционными стратегиями и более широкими целями экономического развития страны. К таким показателям могут относиться качественные индикаторы, такие как экономическая диверсификация, региональное развитие, инвестиции в научные исследования и разработки, декарбонизация, качество рабочих мест и развитие навыков, гендерное равенство и производительность — все они являются ключевыми характеристиками качественных ПИИ. Однако эти показатели проще отслеживать, если они связаны с количественными индикаторами, имеющими конкретные целевые значения, что помогает направлять деятельность агентства.

Кроме того, ряд международных агентств по привлечению инвестиций внедрили инновационные подходы для оценки своего вклада в достижение Целей устойчивого развития (ЦУР). Например, ProColombia отслеживает инвестиционные проекты, которые вносят вклад как минимум в три или более ЦУР, а IDA Ireland контролирует долю клиентов, имеющих корпоративные планы по борьбе с изменением климата (OECD, 2024[17]). Монгольское АПИ использует инвестиционную карту ЦУР (Вставка 3.5). Внедрение аналогичных практик позволило бы туркменскому агентству по привлечению инвестиций отслеживать и оценивать свой вклад в устойчивое развитие и достижение других политических целей, укрепляя доверие инвесторов и долгосрочную экономическую устойчивость.

Вставка 3.5. Агентство по инвестициям и торговле Монголии

Как и Туркменистан, экономика Монголии в значительной степени зависит от добывающего сектора, и, в частности — от горнодобывающей промышленности. Чтобы привлечь инвестиции, Монголия предоставляет подробные карты, список стратегических месторождений, ключевую статистику и ссылки на специальный сайт с текущими тендерами, а также разъяснения процедур. Сайт также содержит стандартные компоненты АПИ, такие как инвестиционное законодательство, инвестиционные возможности, а также руководство для иностранных предприятий, призванные помочь им понять местные условия ведения деятельности.

Опыт Монголии содержит ценные уроки, особенно в части повышения доступности информации. Например, руководство для инвесторов доступно на нескольких языках, в том числе на английском, китайском, киргизском и русском, что позволяет максимально расширить охват аудитории. Кроме того, основные направления политики агентства и планы действий размещены в открытом доступе в интернете, что способствует повышению прозрачности и укрепляет доверие инвесторов.

Еще одной особенностью АПИ Монголии является акцент на устойчивое развитие. Сайт содержит «Инвестиционную карту Целей в области устойчивого развития (ЦУР)», которая содержит классификацию проектов по признаку прямого и косвенного влияния на ЦУР. Каждый проект представлен бизнес-моделью, кратким описанием влияния, исследованием рынка, а также экономическими и рисковыми профилями, и предлагаем комплексный подход к инвестициям.

Источник: (Investment and Trade Agency of Mongolia, 2025[33])

Рекомендация 2.3: АПИ должно более активно взаимодействовать с заинтересованными инвесторами

Помимо создания привлекательной презентации страны, АПИ может напрямую обращаться к инвесторам, которые ранее уже выражали интерес к стране. Примером такой работы являются кампании по привлечению потенциальных клиентов (lead generation campaigns), где под «потенциальным клиентом» (lead) подразумевается потенциальный инвестор, который уже проявляет интерес. Основная цель такой кампании — выявить лиц, принимающих решения в организации потенциального инвестора, и отправить им электронные письма и пакеты информационных материалов. Если они не готовы инвестировать в настоящее время, полезно попросить их составить список возражений, который может послужить дополнительным материалом для улучшения инвестиционного климата страны (GIZ, 2020[30]).

Взаимодействие с инвесторами может также осуществляться через посредников. В роли таковых могут выступать отраслевые и кластерные ассоциации, посольства, а также предприятия, оказывающие финансовые, консалтинговые или юридические услуги. Они могут работать в качестве агентов и консультантов или даже резидентов индустриальных парков. Посредники знакомы с предприятиями в своих отраслях и поддерживают с ними профессиональные отношения, поэтому они могут стать ценным активом для АПИ и важным связующим звеном с иностранными инвесторами. Сотрудничество с ними может принимать форму совместных мероприятий (GIZ, 2020[30]).

Тема 3: Содействие инвестициям

Механизмы содействия бизнесу существуют, но они, по-видимому, не ориентированы конкретно на инвестиции

Содействие инвестициям может улучшить инвестиционный климат

Содействие инвестициям охватывает совокупность инструментов, политических мер и процедур, направленных на создание прозрачной, предсказуемой и эффективной нормативно-правовой и административной среды, которая облегчает инвесторам процесс создания, ведения и расширения их деятельности (Novik and De Crombrugghe, 2018[34]). Основное внимание уделяется снижению или устранению барьеров, с которыми сталкиваются инвесторы после принятия решения о вложении капитала, таких как отсутствие ясности в законодательстве, сложные административные процедуры, высокие временные и ресурсные издержки, ограниченные возможности государственных органов и риски коррупции. Например, правительство внедряет новую онлайн-систему под названием «e-Salgyt» для подачи налоговых деклараций в электронном виде, что делает процесс более эффективным и удобным для налогоплательщиков. В отличие от продвижения инвестиций, которое связано с маркетингом и привлечением потенциальных инвесторов, содействие инвестициям начинается ещё на этапе прединвестирования и продолжается на протяжении всего жизненного цикла инвестиций, включая послепродажное сопровождение и удержание инвесторов.

В Туркменистане отсутствует структура или стратегия по содействию инвестициям

В настоящее время в Туркменистане нет учреждения, специализирующегося на содействии инвестициям; на сайте Invest in Turkmenistan доступны лишь отдельные функции поддержки. На сайте имеется раздел с контактной информацией, включающей телефонные номера, электронный и почтовый адреса, а также форму для обратной связи, однако неясно, в какое именно ведомство поступают запросы. Веб-страницы, которые должны перенаправлять пользователей на внешние ресурсы, например, Государственный банк внешнеэкономической деятельности или Государственную миграционную службу для получения информации о визовых процедурах, по состоянию на май 2025 года часто содержат устаревшие или неработающие ссылки (Invest in Turkmenistan, 2025[28]).

В странах Евразии АПИ часто сосредоточены на формировании положительного имиджа и проведении промокампаний, уделяя меньше внимания таким важным функциям, как содействие инвестициям, послепродажное сопровождение и участие в разработке политики (OECD, 2020[12]). Туркменистан, который остаётся малоизвестным для многих потенциальных инвесторов за пределами Центральной Азии, также делает акцент на продвижении. Однако ему не следует ограничиваться только этим направлением. Туркменистану было бы полезно наделить своё агентство по привлечению инвестиций функциями содействия инвестициям.

Сохранение и сопровождение инвестиций являются важными компонентами инвестиционного содействия

Мероприятия по сопровождению инвесторов и стратегии удержания инвестиций имеют существенное значение для сохранения инвестиционного портфеля и способны повлиять на решение инвесторов о повторном вложении средств, особенно с учетом того, что привлечение новых инвесторов может быть более сложным и дорогостоящим мероприятием, чем поддержка реинвестирования и расширения деятельности. Услуги инвестиционного сопровождения могут включать регулярное информирование о законодательных реформах, правовую поддержку путем установления официальных каналов связи с высшими должностными лицами, принимающими решения, а также оценки для выявления узких мест в инвестиционном климате (OECD, 2015[4]).

Рекомендации

Рекомендация 3.1: устранение информационного пробела должно быть одним из главных приоритетов АПИ

Первая рекомендация по содействию инвестициям касается доступности информации. В сфере привлечения инвестиций заполнение информационного вакуума означает наличие понятной и точной информации для пробуждения интереса инвесторов, но в контексте содействия инвестиционной деятельности это понятие приобретает иное значение: решение индивидуальных вопросов, с которыми инвестор может столкнуться, решив инвестировать. Это требует внедрения прозрачных коммуникационных механизмов, таких как быстрый ответ на запрос с указанием имеющейся информации и приблизительного срока окончательного ответа. Возможно также назначение сотрудника для установления личного контакта и доверительных отношений с инвестором, и введение стандартизированных шаблонов документов и презентаций, которые будут использоваться сотрудниками агентства при работе с бизнесом. Это продемонстрирует последовательность и скоординированность работы в рамках всего агентства. АПИ может заранее подготовить пакеты услуг или брошюры, в которых будет подробно изложена ключевая информация, касающаяся деловой активности, например, решения по кредитованию или найму (GIZ, 2020[30]).

Рекомендация 3.2: Мандат АПИ должен быть направлен на обеспечение бесперебойного взаимодействия инвесторов как с государственными органами, так и с деловыми партнёрами

Инструменты содействия инвестициям АПИ могут быть разработаны и предоставляться, по крайней мере частично, через внедрение на его веб-сайте принципа «Единого окна», где инвесторы смогут взаимодействовать с сотрудниками АПИ для решения вопросов и проблем на каждом этапе инвестиционного процесса. Цель состоит в том, чтобы установить надёжную и доверительную связь инвестора с конкретным контактным лицом, которое не только сможет предоставить информацию о различных административных процедурах, но и окажет поддержку в их выполнении, сокращая количество шагов, которые инвестор должен предпринимать самостоятельно для взаимодействия с органами власти (OECD, 2015[4]). Примеры такой практики многочисленны и заметны даже в рамках региона (Вставка 3.6).

Помимо содействия во взаимодействии с государственными органами, агентство может связывать инвесторов с местными компаниями. Выступая в роли посредников, АПИ облегчает бизнес-нетворкинг и создание связей между компаниями, создавая возможности для местных поставщиков участвовать в цепочках добавленной стоимости иностранных инвесторов. Такая интеграция важна, поскольку способствует передаче технологий, повышению компетенций и включению отечественных компаний в более широкие рынки, что в конечном итоге стимулирует экономический рост и создание рабочих мест на локальном уровне. Для поддержки этих процессов агентства по привлечению инвестиций часто ведут базы данных о возможностях местных компаний, организуют сетевые мероприятия, а также предоставляют программы наставничества и повышения квалификации для укрепления этих связей. Эффективное содействие интеграции укрепляет доверие инвесторов, обеспечивая им доступ к надёжным местным ресурсам, и одновременно позволяет отечественным предприятиям получать выгоду от возросшего спроса и повышения стандартов. Это поддерживает национальную экономику и снижает риски вывода инвестиций (OECD, 2015[4]; Novik and De Crombrugghe, 2018[34]). Например, в Камбодже база данных поставщиков с учётом устойчивого развития позволяет местным поставщикам регистрироваться в базе и связываться с инвесторами, заинтересованными в поддержке проектов устойчивого развития, связанных с конкретными ЦУР (Council for the Development of Cambodia, 2025[35]).

Вставка 3.6. Kazakh Invest: пример АПИ из Казахстана

Агентство Kazakh Invest при Министерстве иностранных дел выступает в роли государственного АПИ Казахстана. Оно оказывает всестороннюю поддержку иностранным инвесторам путем предоставления информации о законодательстве, бизнес-справочников и аналитических данных по приоритетным отраслям. Выступая в качестве единой точки входа, Kazakh Invest помогает инвесторам на протяжении всего процесса инвестирования, обеспечивая беспрепятственный выход на рынок и операционную деятельность. Будучи единственным посредником от имени правительства в вопросах инвестиций, агентство играет ключевую роль в усилиях правительства по привлечению ПИИ. Это является частью стратегии Казахстана по получению ПИИ в объеме 150 миллиардов долларов США в течение следующих пяти лет (Government of Kazakhstan, 2024[36]).

Сайт агентства отличается подробным содержанием и интерактивными функциями. Он предлагает пошаговые руководства по открытию и ведению бизнеса, а также полезную информацию, например список страховых компаний. Интерактивная «умная карта» позволяет инвесторам оценивать потенциальные проекты, проецируя на нее основные параметры, такие как расположение крупных городов, СЭЗ, промышленных зон, гостиниц и плотность населения.

Основной сильной стороной Kazakh Invest является его сфокусированный подход к содействию инвестициям. Вместо того чтобы заниматься как привлечением, так и содействием инвестициям, оно концентрируется исключительно на содействии, оставляя функции привлечения зарубежным представителям Министерства иностранных дел. На веб-сайте Kazakh Invest пользователи могут найти раздел, посвящённый их обращениям, который предлагает четыре типа взаимодействия: инвестирование в Казахстан, установление партнёрских связей, получение консультации и подачу жалобы. Цифровизация процессов содействия инвестициям в настоящее время расширяется за счёт поэтапного внедрения Национальной цифровой инвестиционной платформы (NDPI) — нового «Единого окна», предназначенного для прямой онлайн-интеграции всех государственных органов с целью обеспечения ускоренного обмена информацией и своевременной поддержки проектов для потенциальных и действующих инвесторов.

Источник: (Kazakh Invest, 2025[37]; National Digital Investment Platform, 2025[38])

Рекомендация 3.3: обеспечивать реинвестирование, принимая во внимание обратную связь инвесторов и предоставляя правительству консультации по вопросам законотворчества

Удержание инвестиций является ключевым компонентом содействия инвестициям. Его цель — добиться того, чтобы инвесторы оставались в стране и продолжали вкладывать средства в другие проекты. Требуется тесное сотрудничество с другими учреждениями для определения отраслей, в которых наиболее важно сохранять инвестиции, на основе данных о занятости, географическом положении и текущих национальных стратегиях, а также для предотвращения возможных угроз оттока инвестиций путем активного взаимодействия с инвесторами. Кроме того, АПИ должно оценивать существующие риски оттока инвестиций, чтобы иметь возможность решать любые возникающие проблемы заранее (World Bank, 2023[39]).

АПИ могло бы активно участвовать в организации Совета иностранных инвесторов, который служил бы платформой для диалога и обмена мнениями между инвесторами. Можно, например, рассмотреть подходы региональных партнеров, таких как Узбекистан и Казахстан, которые создали советы иностранных инвесторов, которые подчиняются президенту (Вставка 3.7). Такой подход будет соответствовать существующей в стране структуре управления, одновременно используя преимущества, наблюдаемые в успешных АПИ во всем мире.

Вставка 3.7. Советы иностранных инвесторов в Казахстане и Узбекистане

Казахстан стал первой страной в регионе, где в 1998 году был создан Совет иностранных инвесторов (СИИ). Его основная цель — обеспечить прямой диалог между правительством и иностранными инвесторами для эффективного решения проблем, связанных с инвестиционной деятельностью, для улучшения инвестиционного климата. Для достижения этой цели Совет формулирует рекомендации для президента и правительства по определению приоритетных направлений инвестиционной политики и интеграции страны в мировую экономику, выявлению проблем, с которыми сталкиваются иностранные компании, работающие в Казахстане, а также по созданию правовой базы, которая благоприятствует инвестициям и способствует диверсификации экономики. Обмен мнениями происходит на ежегодных пленарных заседаниях под председательством президента, однако предварительные результаты выполнения решений, принятых на пленарных заседаниях, обсуждаются на промежуточных заседаниях под председательством премьер-министра. Также существуют рабочие группы по конкретным вопросам, таким как инвестиционная политика, трудовое законодательство, энергетика и экология, цифровизация, здравоохранение и фармацевтика. Они включают в себя других членов Совета и работают в течение всего года.

В Узбекистане СИИ выполняет схожие функции с казахстанским, но имеет некоторые организационные отличия. СИИ также фокусируется на анализе и выявлении проблем, с которыми сталкиваются инвесторы в стране, и их устранении. Однако, если президент Узбекистана является председателем ежегодного пленарного заседания, то президент Европейского банка реконструкции и развития (ЕБРР) является сопредседателем. Промежуточные заседания, проводимые раз в два года, в Узбекистане возглавляет министр инвестиций, промышленности и торговли. В СИИ Узбекистана также есть тематические рабочие группы, которых нет в Казахстане, например, по финансовому сектору и банковскому делу, трансграничному инвестированию, приватизации и государственно-частному партнерству (ГЧП). Это иллюстрирует важность адаптации рабочих групп к потребностям страны.

Источник: (Foreign Investors Council chaired by the President of the Republic of Kazakhstan, 2025[40]; Foreign Investors Council under the President of the Republic of Uzbekistan, 2025[41])

Для эффективного взаимодействия с инвесторами Туркменистан мог бы также создать нечто подобное недавно учрежденному в Казахстане Совету по привлечению инвестиций, также известному как Инвестиционный штаб, который помогает решать ключевые вопросы, возникающие в ходе реализации инвестиционных проектов, обеспечивая их оперативное рассмотрение руководством страны. Более того, указом президента Казахстана вдекабре 2023 года Инвестиционному штабу были предоставлены полномочия принимать обязательные к исполнению протокольные решения (Government of Kazakhstan, 2024[36]). Это дает штабу значительные возможности для решения неотложных вопросов, связанных с инвестициями.

К тому же, АПИ необходимо обеспечить внедрение механизмов, предоставляющих инвесторам удобный способ получения поддержки в случае возникновения трудностей. Например, АПИ Республики Корея учредило должность уполномоченного для иностранных инвесторов, у которого есть сайт для приема жалоб инвесторов в режиме онлайн. Также предоставляются конфиденциальные онлайн-консультации по запросу (Office of the Foreign Investment Ombudsman, 2025[42]). Казахстан внедряет Единый реестр проблем и жалоб инвесторов — инструмент для регистрации и отслеживания проблем инвестиционных проектов, а также любых опасений, выражаемых инвесторами (UNCTAD, 2024[43]).

Тема 4: Дополнительные задачи инвестиционной политики

В числе приоритетных задач для Туркменистана — расширение полномочий АПИ, касающихся специальных экономических зон (СЭЗ) и механизмов государственно-частного партнерства (ГЧП).

В Туркменистане существует несколько различных политических рамок в отношении СЭЗ и ГЧП, однако практика их применений остается неясной

СЭЗ характеризуются особыми правилами, направленными на привлечение иностранных инвестиций, часто с упором на экспорт

Особые экономические зоны (СЭЗ) представляют собой географически определённые территории, на которых государство предлагает специальные регуляторные, фискальные и административные стимулы для привлечения инвестиций, стимулирования экспорта и развития промышленности. Их основная цель — создать более благоприятные условия для ведения бизнеса по сравнению с остальной территорией страны, часто за счёт упрощённых таможенных процедур, налоговых каникул и улучшенной инфраструктуры, что напрямую влияет на решения транснациональных компаний о размещении своих предприятий. СЭЗ могут способствовать региональному экономическому развитию и сокращению неравенства, концентрируя инвестиции в менее развитых районах (OECD, 2023[44]). Однако СЭЗ имеют и свои ограничения: их преимущества могут оставаться географически ограниченными, что снижает масштабы эффекта распространения; для их успешного функционирования требуется эффективное управление, чтобы избежать неэффективности и рентного поведения; кроме того, зависимость от фискальных стимулов может быть затратной и подверженной влиянию международных налоговых правил, которые всё более ограничивают применение преференциальных налоговых режимов.

Законодательство Туркменистана регулирует деятельность СЭЗ на национальном уровне, однако кажется, что не все его положения применяются

Законодательные положения об СЭЗ содержатся в нескольких правовых актах. В Законе «Об инвестиционной деятельности» СЭЗ рассматриваются как инвестиционные стимулы, предоставляющие различные механизмы защиты прав инвесторов, и льготы, доступные в этих зонах. Они включают в себя освобождение от требования иметь лицензию на экспортно-импортные операции для нужд предприятия, право на аренду земли на определенных условиях, а также освобождение от сборов за различные процедуры (Mejlis of Turkmenistan, 2019[19]). Положения Налогового кодекса способствуют формированию правовой базы в отношении налоговых льгот (Mejlis of Turkmenistan, n.d.[45]), а специальный закон «О свободных экономических зонах» определяет различные типы зон, их организацию, а также условия их создания и закрытия (Mejlis of Turkmenistan, 2019[46]).

Некоторые важные организационные аспекты пока недостаточно проработаны или не приводят к дальнейшим действиям. АПИ может помочь устранить эти пробелы. Например, согласно закону «О свободных экономических зонах», полномочия по разработке стратегии СЭЗ принадлежат Кабинету Министров, в то время как ее реализация является прерогативой «уполномоченного органа», который соответствует Министерству финансов и экономики (Mejlis of Turkmenistan, 2019[46]). Правительство в своих ответах на анкету ОЭСР указало, что АПИ в идеале также должно отвечать за разработку и реализацию стратегии СЭЗ, что может облегчить нагрузку на министерство за счет создания специализированного органа.

Вставка 3.8. Типология экономических зон

Первая «современная» экономическая зона была создана в Ирландии в 1959 году. С тех пор количество СЭЗ экспоненциально возросло, что привело к отсутствию единого согласованного определения данного понятия. Наиболее распространённое определение основывается на следующих ключевых критериях СЭЗ:

- **Пространственный аспект:** чётко обозначенная географическая территория национального пространства и/или особое правовое пространство.
- **Регуляторный аспект:** наличие особого режима регулирования, отличающегося от остальной экономики (чаще всего в области таможенных и налоговых правил, но также потенциально охватывающего другие важные аспекты регулирования, такие как правила иностранного владения, доступ к земле или трудовое законодательство). Деловая среда в зоне является более экономически либерализированной с точки зрения законодательства и более эффективной с административной точки зрения.
- **Управление на национальном уровне:** наличие специализированной системы управления и институциональной структуры для обеспечения эффективного администрирования.
- **Инфраструктурное обеспечение**: наличие инфраструктуры, предоставление сервисных услуг и условий, а также (финансовых или налоговых) стимулов.

Примечание: Классификация может варьироваться в зависимости от используемого источника.
Источник: (OECD, 2023[44])

Несмотря на их популярность, международный опыт применения СЭЗ показывает смешанные результаты

В целом, межстрановые данные по экономическим зонам позволяют сделать следующие выводы, которые АПИ или любой другой орган, ответственный за контроль программ СЭЗ в Туркменистане, должны учитывать при определении того, когда, где и зачем создавать новые зоны:

- **Они обычно не являются наилучшим решением**. Наиболее эффективным подходом, как правило, является улучшение общего инвестиционного климата. Зоны могут иметь смысл как промежуточный шаг, если их создание способствует достижению этой цели. Однако, поскольку часто проще предоставить фискальные, регуляторные и таможенные льготы, чем проводить масштабные институциональные реформы, зоны легко могут превратиться в альтернативу реформам, а не в инструмент их содействия. Действительно, как только привилегии предоставляются резидентам СЭЗ, формируется лобби, заинтересованное в их сохранении.
- **Они являются лишь одним из многочисленных инструментов, используемых для стимулирования экспорта и обеспечения экономического роста**. Эффективность зон повысится, если их развитие будет осуществляться в увязке с прочими мерами инвестиционного стимулирования и с расчетом на вклад в общенациональное экономическое развитие, а не как фактически изолированные офшорные анклавы. По этой причине они наиболее эффективны в странах с развитой инфраструктурой и финансовыми рынками, где возможны нисходящие связи с внутренней экономикой. (Farole and Kweka, 2011[47]) отмечают, что инвестиции, занятость и экспорт в СЭЗ сильно и положительно коррелируют с общим показателем страны по Глобальному индексу конкурентоспособности

Всемирного экономического форума — другими словами, зоны не компенсируют плохой инвестиционный климат; они с большей вероятностью будут успешными там, где общий инвестиционный климат благоприятен.

- **Зоны являются искажающими инструментами по отношению к внешней торговле и внутренним рынкам**, и их необходимо разрабатывать с учётом обязательств по ВТО. Даже при полном соответствии нормам ВТО они могут искажать внутреннюю конкуренцию и способствовать сегментации внутренних рынков труда.

Успешные программы СЭЗ, как правило, имеют общие черты:

- **Они требуют высокой степени последовательности государственной политики**, как во времени, так и в различных областях политики. (Charitar and Narrainen, 2009[48]) подчеркивают, что неудачный опыт многих африканских зон связан с отсутствием последовательности как в системе правил для зон, так и в реализации программ зон. Эти вопросы крайне актуальны для АПИ или любых других учреждений, участвующих в управлении СЭЗ.
- **Обеспечение положительных связей зон с внутренней экономикой** часто требует дополнительных мер на уровне всей экономики, таких как развитие навыков, обмен знаниями и политика кластеров (FIAS, 2008[49]).
- **Успешные зоны предоставляют качественную инфраструктуру и благоприятные условия для ведения бизнеса; они не всегда требуют крупных фискальных стимулов**. Опрос инвесторов в зонах десяти стран в 2009 году показал, что уровень корпоративного налогообложения занимал пятое место среди их забот, уступая стоимости/качеству коммунальных услуг, доступу к транспортной инфраструктуре, регуляторной среде для бизнеса и содействию торговле (Farole and Kweka, 2011[47]). Учитывая общий низкий налоговый режим в Туркменистане, фискальные стимулы, вероятно, будут ещё менее значимыми.
- **Особые зоны должны приносить значительные выгоды и для тех, кто находится за их пределами**. Цель СЭЗ заключается в создании положительных внешних эффектов для более широкой экономики. Это может включать повышение квалификации части рабочей силы, содействие усвоению технологий и опыта из-за рубежа или стимулирование инноваций.
- **Зоны должны соблюдать принцип недискриминации между иностранными и отечественными инвесторами**. Несоблюдение этого принципа может привести к различным схемам обхода правил, когда инвесторы стремятся работать через структуры, которые имеют право на льготное обращение (например, отечественные компании используют офшорные холдинги, чтобы получить льготы, предназначенные для иностранных инвесторов), вместо того чтобы создавать действительно новые инвестиции.

Нет свидетельств о существовании ГЧП в национальных или международных инвестиционных проектах в Туркменистане

В Туркменистане недавно был принят закон о ГЧП, но остается неясным, существуют или запланированы ли ГЧП проекты в стране. Принятый в 2021 году Закон «О государственно-частном партнерстве» направлен на расширение участия частного сектора путем создания правовой базы для такого сотрудничества. Содействие государственно-частному партнерству также входит в число целей президентской программы социально-экономического развития страны на 2022–2028 годы.

Связь между прямой иностранной инвестиционной деятельностью в Туркменистане и ГЧП пока отсутствует. На сайте *Invest in Turkmenistan* нет конкретной информации о ГЧП, а также нет раздела для проведения прямых иностранных инвестиционных проектов в режиме ГЧП (Invest in Turkmenistan, 2025[28]). Заполнение этого информационного вакуума даже при минимальных усилиях может помочь реализации планов по расширению использования ГЧП.

В процессе внедрения новой системы государственно-частного партнёрства (ГЧП) Туркменистану следует учитывать ряд уроков, извлечённых из международного опыта использования ГЧП для предоставления услуг или инфраструктуры. ГЧП является сложным инструментом, требующим создания надёжной системы оценки соотношения «цена–качество» с использованием осторожного ориентира со стороны государственного сектора и прозрачных и последовательных руководящих принципов в отношении неколичественных элементов в оценке соотношения «цена–качество». Органы власти должны уметь классифицировать, измерять и распределять риски между сторонами, которые способны ими управлять, а также соблюдать надлежащие бухгалтерские и бюджетные практики.

Отправной точкой для оценки целесообразности ГЧП является ориентир государственного сектора — сравнение чистой приведённой стоимости заявок на проект ГЧП с наиболее эффективной формой реализации проекта, выполненного традиционным способом через государственные закупки. Ориентир учитывает риски, которые могут быть переданы потенциальной частной стороне, а также те риски, которые остаются на ответственности государства. Таким образом, ориентир государственного сектора служит гипотетической, скорректированной с учётом риска, стоимостью реализации проекта государством. При этом существует риск манипуляций в пользу ГЧП, особенно учитывая зависимость от выбранной ставки дисконтирования или оценки передаваемого риска. Кроме того, оценка включает качественные аспекты, требующие суждения со стороны правительства.

Второй важный вопрос — управление рисками. Для того чтобы частный партнёр действовал эффективно и в интересах общества, необходимо передавать достаточное, но при этом соответствующее количество рисков. В принципе, риск должна нести та сторона, которая способна управлять им наиболее эффективно. В данном контексте «наиболее эффективно» означает способность управлять риском с наименьшими издержками. Это может означать способность предотвратить возникновение риска (управление риском ex ante) или умение справиться с последствиями реализованного риска (управление риском ex post). Однако не все риски поддаются управлению, и могут быть случаи, когда ни одна из сторон контракта не способна справиться с риском. Для таких сторон эти непреодолимые риски являются экзогенными рисками (например, нестрахуемые форс-мажорные обстоятельства, влияющие на всех участников).

Третий ключевой аспект — доступность проекта. Проект считается доступным, если государственные расходы, связанные с ним (независимо от формы реализации — ГЧП или традиционное финансирование), могут быть учтены в рамках межвременного бюджетного ограничения государства. ГЧП может сделать проект доступным, если повышение эффективности позволяет реализовать проект, который не помещался в межвременное бюджетное ограничение при традиционном государственном финансировании.. Хотя проекты ГЧП зачастую не включаются в государственный бюджет, важно учитывать их влияние на долгосрочную фискальную устойчивость. ГЧП не должны использоваться как способ обхода бюджетных ограничений или сокрытия будущих расходов. Система государственного бюджетирования и бухгалтерского учёта должна обеспечивать ясный, прозрачный и достоверный учёт деятельности ГЧП, чтобы не было стимулов выбирать ГЧП исключительно из-за особенностей бухгалтерского учёта (OECD, 2011[50]).

Учитывая эти вызовы, органы власти могут предпринять ряд конкретных шагов для максимизации вероятности успеха. В конечном счёте, их цель должна заключаться в последовательном соблюдении принципов ОЭСР по управлению ГЧП (Вставка 3.9).

Вставка 3.9. Принципы ОЭСР по государственному управлению государственно-частными партнёрствами (ГЧП)

Создание чёткой, предсказуемой и легитимной институциональной структуры при поддержке компетентных и обеспеченных ресурсами органов власти:

1. Политическое руководство должно обеспечивать общественное информирование о сравнительных затратах, выгодах и рисках ГЧП и традиционных закупок. Популярное понимание ГЧП требует активного консультирования и вовлечения заинтересованных сторон, а также участия конечных пользователей в определении проекта и последующем мониторинге качества услуг.
2. Следует поддерживать ключевые институциональные роли и обязанности. Это требует, чтобы закупающие органы, подразделения ГЧП, Центральный бюджетный орган, Верховный аудиторский орган и отраслевые регуляторы имели чёткие мандаты и достаточные ресурсы для обеспечения разумного процесса закупок и ясных линий подотчётности.
3. Обеспечить, чтобы все значимые нормативные акты, влияющие на функционирование ГЧП, были ясными, прозрачными и исполняемыми. Бюрократические барьеры следует минимизировать, а новые и существующие правила тщательно оценивать.

Основывать выбор ГЧП на соотношении «цена–качество»

4. Все инвестиционные проекты должны рассматриваться на высшем политическом уровне. Поскольку существует множество конкурирующих инвестиционных приоритетов, правительство должно определять и реализовывать стратегические цели. Решение о вложении инвестиций должно приниматься с учётом интересов всего правительства и отделяться от вопросов закупок и финансирования проекта. Не должно быть институциональных, процедурных или бухгалтерских предвзятостей ни в пользу, ни против ГЧП.
5. Тщательно исследовать, какой метод инвестирования принесёт наибольшую ценность. Ключевые факторы риска и особенности конкретных проектов следует оценивать с помощью предварительной проверки вариантов закупки. Предварительная проверка позволяет правительству решить, целесообразно ли далее рассматривать вариант ГЧП.
6. Переносить риски на тех, кто способен управлять ими наилучшим образом. Риск должен быть определён, идентифицирован, измерен и нести его должна сторона, для которой предотвращение риска или управление уже реализованным риском обходится наименьшей стоимостью.
7. Закупающие органы должны быть готовы к операционной фазе ГЧП. Обеспечение соотношения «цена–качество» требует такой же бдительности и усилий, как и на предварительной фазе проекта. Особое внимание следует уделять переходу к операционной фазе ГЧП, поскольку участники со стороны государства могут изменяться.
8. Соотношение «цена–качество» должно сохраняться при пересмотре условий. Только если условия изменяются вследствие дискреционных действий государственной политики, правительство может рассматривать возможность компенсации частному сектору. Любой пересмотр условий должен осуществляться прозрачно и в соответствии с установленными процедурами утверждения ГЧП. Должны быть установлены чёткие, предсказуемые и прозрачные правила разрешения споров.

9. Правительство должно обеспечивать достаточную конкуренцию на рынке через конкурентные тендеры и, при необходимости, структурировать программу ГЧП так, чтобы поддерживать функциональный рынок. Если участников рынка мало, правительство должно гарантировать равные условия на этапе тендера, чтобы новые операторы могли выйти на рынок.

Прозрачное проведение бюджетного процесса с целью минимизации фискальных рисков и обеспечения целостности закупочного процесса

10. В соответствии с фискальной политикой правительства Центральный бюджетный орган должен обеспечивать доступность проекта и устойчивость общего инвестиционного объёма
11. Проект должен учитываться прозрачно в бюджетном процессе. Бюджетная документация должна раскрывать все расходы и условные обязательства. Особое внимание следует уделять тому, чтобы бюджетная прозрачность ГЧП охватывала весь государственный сектор.
12. Правительство должно предотвращать расточительство и коррупцию, обеспечивая целостность процесса закупок. Необходимые навыки и полномочия для закупок должны быть доступны соответствующим органам.

Источник: (OECD, 2012[51])

Рекомендации

Рекомендация 4.1: интеграция функций СЭЗ в АПИ не является распространенной практикой, однако из существующих проектов можно извлечь уроки

Интеграция управления СЭЗ в АПИ стран-членов ОЭСР — относительно редкое явление вместо которого чаще всего прибегают к координации АПИ с ведомством, ответственным за СЭЗ (OECD, 2015[4])**.** Например, во Франции нет госоргана, координирующего СЭЗ. В других странах-членах организации, например, в Турции, ведется работа с СЭЗ, однако она фрагментирована и служит частью более масштабных стратегических целей. Для АПИ это скорее второстепенная задача. Случай Турции с ее достаточно децентрализованным управлением вопросами СЭЗ может послужить для Туркменистана наглядным примером альтернативной институциональной структуры и дать более полное представление о разнообразии существующих решений в этой сфере. В Турции стратегия привлечения ППИ, разработанная Инвестиционным управлением, требует от Министерства транспорта и инфраструктуры обеспечения связности между различными зонами. Перед Министерством национального образования и Министерством промышленности и технологий, совместно с другими учреждениями, такими как Высшая организация организованных промышленных зон (ОПЗ), стоят задачи, связанные с планированием возможностей профессионального и технического образования в СЭЗ. Пример Турции также можно использовать в качестве модели продвижения инвестиций в СЭЗ, поскольку эта категория четко обозначена для пользователей при входе на сайт (Investment Office of the Presidency of the Republic of Türkiye, 2024[13]).

Несмотря на то, что в странах-членах ОЭСР нет полноценных примеров объединенной структуры СЭЗ в рамках АПИ, Туркменистан может почерпнуть определенный опыт из практики агентств по развитию СЭЗ. Они функционируют аналогично АПИ, но вместо привлечения инвестиций в масштабе всей страны они концентрируются на конкретных экономических зонах (Вставка 3.10). Как показывает пример Генерального управления по инвестициям и свободным экономическим зонам (GAFI) в Египте, такие учреждения могут иметь специальный комитет, занимающийся рассмотрением и одобрением заявок компаний на создание предприятий в зоне, взаимодействием с частным сектором для обсуждения необходимости разработки новой зоны, а также предоставлением инвесторам специализированных механизмов альтернативного разрешения споров (ADR) (OECD, 2020[52]). Совмещение в рамках одного агентства функций развития СЭЗ и привлечения инвестиций может повлечь за собой нежелательные результаты, такие как дублирование функций и снижение общей эффективности (Farole and Kweka, 2011[47]).

Вставка 3.10. Управление особых экономических зон (SEZA) Кении

Кения выбрала путь создания отдельного органа по развитию СЭЗ, независимого от национального АПИ. Этот орган выполняет классические функции инвестиционного агентства, но применительно к СЭЗ. Он занимается привлечением инвестиций в СЭЗ, обеспечивает прозрачность в вопросах регулирования и демонстрирует потенциал рынка. Кроме того, он предлагает услуги по упрощению процедур через систему «одного окна». Особое внимание уделяется сотрудничеству как с частными, так и с государственными заинтересованными сторонами. Это необходимо для того, чтобы консультативная работа по вопросам регулирования проводилась эффективно и соответствовала потребностям рынка.

Также у SEZA есть задачи, которые относятся исключительно к деятельности СЭЗ. Так, Управление осуществляет консультационную деятельность для правительства по всем аспектам СЭЗ, от определения и утверждения до создания и функционирования. Это означает, что SEZA также отвечает за выявление и картографирование земельных участков, которые будут использоваться для СЭЗ, а при необходимости — за обеспечение их доступности.

Источник: (SEZ Authority, 2025[53])

Рекомендация 4.2: при условии грамотной организации включение управления ГЧП в функции АПИ может способствовать привлечению частных инвестиций

Функции по управлению проектами ГЧП по определению не относятся к компетенции АПИ, однако могут стать полезным дополнением. Не так много АПИ прибегает к продвижению и содействию проектам ГЧП. Присутствие в структуре АПИ специализированной группы с четко прописанными полномочиями и ответственностью может существенно помочь в планировании и реализации проектов, сопровождении закупок, контроле эффективности и работе с участниками процесса (OECD, 2015[4]).

Опыт зарубежных стран демонстрирует возможность встраивания полномочий в области ГЧП в деятельность АПИ. Туркменистан мог бы передать некоторые аспекты управления ГЧП в ведение АПИ, чтобы в полной мере использовать новую правовую базу для ГЧП (Вставка 3.11). Агентству можно было бы поручить продвижение и содействие ГЧП — задачи, которые не потребуют значительного расширения функций по сравнению со стандартными задачами по привлечению и содействия инвестициям. Привлечение инвестиций, как и прежде, будет обеспечивать доступ к информации о нормативно-правовой базе и экономическом потенциале проектов. При этом меры по содействию инвестициям будут направлены на поддержку заинтересованных инвесторов в решении возникающих практических вопросов.

Вставка 3.11. ProInversión — Агентство по продвижению частных инвестиций Перу

ProInversión — перуанское АПИ, которое оказывает услуги по привлечению инвестиций и содействию как отечественным, так и зарубежным инвесторам. Сайт агентства (www.investinperu.pe/en) содержит необходимую информацию об инвестиционных стимулах, правовой базе (в том числе по разрешению споров), трудовых режимах, налогах и тарифах.

Полномочия агентства предусматривают активное участие в формировании политики по вопросам ГЧП. Согласно статье 3 регламента, ProInversión уполномочено разрабатывать рекомендации по инвестиционной политике на основе анализа реализованных проектов и оказывать экспертную поддержку государственным структурам и региональным властям в привлечении частных инвестиций.

На ProInversión также возложены задачи по реализации проектов ГЧП. В связи с этим агентству предоставлено право преобразовывать в ГЧП государственные инвестиционные проекты в сфере общественной инфраструктуры и приоритетных государственных услуг до начала их реализации. На основании проведенного анализа и совместно с представителями отрасли, связанной с общественной инфраструктурой и важнейшими услугами населению, ProInversión также может заявлять о заинтересованности в развитии новых частно-государственных инициатив с совместным финансированием.

Сайт агентства упрощает инвестирование в проекты ГЧП. Открывая сайт, пользователь сразу видит панель, ведущую к различным форматам ГЧП, таким как «Проекты в активах», реализуемые с использованием частных средств на активах государственных организаций, или «Самостоятельно и софинансируемые инициативы». Также доступен портфель проектов, в которых можно принять участие. В целях прозрачности также можно ознакомиться с проектами, по которым уже заключены контракты.

Источник: (ProInversión, 2017[54])

Таблица 3.3. План действий

Тема	Наблюдение	Рекомендация	Заинтересованные ведомства	Временные рамки
Тема 1: Создание и мандат Агенства по привлечению инвестиций	В Туркменистане отсутсвует АПИ и не хватает национальной инвестиционной стратегии	Учредить АПИ и разработать **четкую инвестиционную стратегию**, встроенной в более широкую стратегию экономического развития	Кабинет министров, Министерство финансов и экономики	Краткосрочные →
	Ответственность за инвестиционную политику распределена между несколькими учреждениями.	Структура АПИ должна способствовать **взаимодействию с частным сектором**	Кабинет министров, Министерство финансов и экономики	Краткосрочные →
		Полномочия агентств по привлечению инвестиций могут выходить **за рамки инвестиций**	Кабинет министров, Министерство финансов и экономики	Краткосрочные →
Тема 2: Привлечение инвестиций	Привлечению инвестиций	АПИ должно стимулировать интерес	Будущее АПИ	Краткосрочные →

Тема	Наблюдение	Рекомендация	Заинтересованные ведомства	Временные рамки
	способствуют как государственные, так и негосударственные учреждения.	потенциальных инвесторов посредством **маркетинговой** деятельности		
		Определить систему мониторинга и оценки (МиО) и чёткие ключевые показатели эффективности (КПЭ), чтобы обеспечить соответствие работы АПИ более широким целям экономического развития правительства	Будущее АПИ	Краткосрочные →
	Привлечение инвестиций осуществляется на различных уровнях, но необходимо дальнейшее взаимодействие с инвесторами	АПИ должно более активно **взаимодействовать с инвесторами**	Будущее АПИ	Краткосрочные →
Тема 3: Содействие инвестициям	Меры по содействию инвестициям существуют, однако они, по-видимому, не ориентированы на инвестиции	**Заполнение информационного вакуума** должно быть одним из главных приоритетов АПИ	Будущее АПИ	Краткосрочные →
		АПИ может играть **роль посредника** между предприятиями и инвесторами	Будущее АПИ	Среднесрочные →→
	Процедуры сохранения инвестиций являются важным компонентом содействия инвестициям	Обеспечение реинвестирования путем **учета обратной связи инвесторов и предоставления правительству консультаций по вопросам политики**	Будущее АПИ	Среднесрочные →→ Долгосрочные →→→
Тема 4: Вовлечение АПИ в решение дополнительных задач инвестиционной политики	Законодательство Туркменистана регулирует ОЭЗ на национальном уровне, но, видимо, не все положения работают.	**Интеграция функций СЭЗ в АПИ** не является обычным явлением, но из таких проектов также можно **извлечь некоторые уроки.**	Будущее АПИ	Среднесрочные →→
	ГЧП играют важную роль в национальных стратегиях, но не охвачены инвестиционными ресурсами.	**Полномочия по работе с ГЧП возможно включить в функции АПИ**, о чем свидетельствует опыт других стран.	Будущее АПИ	Среднесрочные →→

Источник: Анализ ОЭСР

Источники

AZPROMO (2025), *Export and Investment Promotion Agency of the Republic of Azerbaijan - AZPROMO*, https://azpromo.az/en/page/haqqimizda/azpromo (accessed on 6 February 2025). [15]

Business Turkmenistan (2025), *Туркменистан анонсировал масштабные международные выставки и форумы 2025 года*, https://business.com.tm/ru/post/12936/turkmenistan-anonsiroval-masshtabnye-mezhdunarodnye-vystavki-i-forumy-2025-goda (accessed on 22 January 2025). [26]

Business Turkmenistan (2024), *На инвестфоруме в Брюсселе представлен транспортный потенциал Туркменистана*, https://www.business.com.tm/ru/post/11337/na-investforume-v-bryussele-predstavlen-transportnyi-potencial-turkmenistana (accessed on 21 January 2025). [25]

Chamber of Commerce and Industry of Turkmenistan (2025), *О деятельности ТППТ*, https://cci.gov.tm/about/o-deyatelnosti-tppt (accessed on 1 July 2025). [22]

Chamber of Commerce and Industry of Turkmenistan (2024), *Chamber of Commerce and Industry of Turkmenistan*, https://cci.gov.tm/about/o-deyatelnosti-tppt. [11]

Charitar, C. and N. Narrainen (2009), *Africa-Asia Experience Exchange on Special Economic Zones and Competitive Clusters*, The World Bank. [48]

Council for the Development of Cambodia (2025), *The Suppliers Database with Sustainability Dimensions (SD2)*, https://sd2.cdc.gov.kh/ (accessed on 12 May 2025). [35]

EBRD (2024), *Transition Report 2024-25: Navigating industrial policy*, https://www.ebrd.com/transition-report-2024-25. [16]

Farole, T. and J. Kweka (2011), *Institutional Best Practices for Special Economic Zones: An Application to Tanzania*, World Bank Group, https://documents1.worldbank.org/curated/en/885991468341087176/pdf/644830BRI0Tanz00Box0361538B0PUBLIC0.pdf. [47]

FIAS (2008), *Special Economic Zones: Performance, Lessons Learned, and Implications for Zone Development, Foreign Investment Advisory Service*, The World Bank Group. [49]

Foreign Investors Council chaired by the President of the Republic of Kazakhstan (2025), *Mission of the FIC*, https://fic.kz/en/fic/mission (accessed on 7 July 2025). [40]

Foreign Investors Council under the President of the Republic of Uzbekistan (2025), *Foreign Investors Council under the President of the Republic of Uzbekistan*, https://fics.uz/ (accessed on 7 July 2025). [41]

GIZ (2020), *IPA Toolbox: A practical guide to support Investment Promotion Agencies*, Deutsche Gesellschaft für Internationale Zusammenarbeit, https://www.giz.de/en/downloads/giz2020-en-toolbox-investment-promotion-agencies.pdf. [30]

Government of Kazakhstan (2024), *On Approval of the Concept of Investment Policy of the Republic of Kazakhstan until 2029*, https://adilet.zan.kz/rus/docs/P2400000868#z187. [36]

Government of Turkmenistan (2024), *Extended meeting of the Cabinet of Ministers of Turkmenistan*, https://turkmenistan.gov.tm/ru/post/91837/rasshirennoe-zasedanie-kabineta-ministrov-turkmenistana-26. [29]

Government of Turkmenistan (2024), *Turkmenistan Investment Forum*, https://tif-turkmenistan.com/storage/app/media/brochure/tif_brochure_eng.pdf. [24]

Invest in Estonia (2025), *Game-changing business opportunities from tech to timber*, https://investinestonia.com/business-opportunities/ (accessed on 6 May 2025). [32]

Invest in Turkmenistan (2025), *Invest in Turkmenistan*, https://invest.gov.tm/ (accessed on 28 February 2025). [28]

Investment and Trade Agency of Mongolia (2025), *Investment and Trade Agency of Mongolia*, https://investmongolia.gov.mn/ (accessed on 10 February 2025). [33]

Investment Office of the Presidency of the Republic of Türkiye (2024), *Türkiye Foreign Direct Investment Strategy*, Investment Office of the Presidency of the Republic of Türkiye, https://www.invest.gov.tr/en/Documents/turkiye-fdi-strategy-action-plans-2024.pdf. [13]

Kazakh Invest (2025), *Invest in Kazakhstan*, https://invest.gov.kz/ (accessed on 11 February 2025). [37]

Kepbanov, Y., S. Horák and B. Ovezmyradov (2022), *The investment climate in Turkmenistan: Challenges and possible ways of attracting foreign investment*, Lund University, https://lucris.lub.lu.se/ws/portalfiles/portal/116796662/web_RRSL_2022_3_The_investment.pdf. [1]

MEDEF (2025), *Réunion du conseil d'entreprises France-TURKMÉNISTAN autour M. Philippe MERLIN, ambassadeur de France au Turkménistan*, https://www.medefinternational.fr/actions/ambassadeur-de-france-85/. [27]

Mejlis of Turkmenistan (2019), *Law of Turkmenistan on Foreign Investment*, https://invest.gov.tm/norm/view?id=14. [19]

Mejlis of Turkmenistan (2019), *Law of Turkmenistan on Free Economic Zones*, https://mejlis.gov.tm/single-law/116?lang=ru (accessed on 2 May 2025). [46]

Mejlis of Turkmenistan (n.d.), *Tax Code of Turkmenistan*, https://fineconomic.gov.tm/ru/legal-act/9/88. [45]

Ministry of Finance and Economy of Turkmenistan (2022), *Агентство по защите экономики от рисков при министерстве финансов и экономики Туркменистана*, https://fineconomic.gov.tm/ru/static-pages/6/15 (accessed on 30 June 2025). [21]

National Digital Investment Platform (2025), *National Digital Investment Platform - About Us*, https://investkz.gov.kz/#/about-us (accessed on 29 September 2025). [38]

Novik, A. and A. De Crombrugghe (2018), "Towards an International Framework for Investment Facilitation", *OECD Business and Finance Policy Papers*, https://www.oecd.org/en/publications/towards-an-international-framework-for-investment-facilitation_b82771dc-en.html (accessed on 24 September 2025). [34]

OECD (2024), "Monitoring and evaluating sustainability in investment promotion: Evolving practices in OECD member countries", *OECD Business and Finance Policy Papers*, No. 74, OECD Publishing, Paris, https://doi.org/10.1787/da22c153-en. [17]

OECD (2024), *The Role of Incentives in Investment Promotion. Trends and Practices in OECD Member Countries*, OECD Publishing, https://www.oecd.org/en/publications/the-role-of-incentives-in-investment-promotion_e3338264-en.html. [18]

OECD (2023), "Best practices in investment promotion: An overview of regional state aid and special economic zones in Europe", *OECD Business and Finance Policy Papers*, No. 27, OECD Publishing, Paris, https://doi.org/10.1787/0c8e6ca3-en. [44]

OECD (2020), *Investment Promotion in Eurasia: A Mapping of Investment Promotion Agencies*, OECD Publishing, Paris, https://doi.org/10.1787/8e76dbc2-en. [12]

OECD (2020), *OECD Investment Policy Review - Egypt*, OECD Publishing, https://www.oecd.org/content/dam/oecd/en/publications/reports/2020/07/oecd-investment-policy-reviews-egypt-2020_dfdf7de2/9f9c589a-en.pdf (accessed on 2025). [52]

OECD (2019), *Monitoring and Evaluation: A Brief Guide for Investment Promotion Agencies*, OECD Publishing, https://www.oecd.org/content/dam/oecd/en/publications/reports/2019/12/monitoring-and-evaluation_30a9e9a7/82d55c1a-en.pdf. [5]

OECD (2012), *Recommendation of the Council on Principles for Public Governance of Public-Private Partnerships*, OECD Publishing, https://legalinstruments.oecd.org/en/instruments/oecd-legal-0392 (accessed on 13 October 2025). [51]

OECD (2011), *From Lessons to Principles for the Use of Public-Private Partnerships*, OECD Publishing, http://www.oecd.org/gov/budgeting/48144872.pdf. [50]

Office of the Foreign Investment Ombudsman (2025), *Organizational Chart*, Office of the Foreign Investment Ombudsman, https://ombudsman.kotra.or.kr/ob-en/cntnts/i-2643/web.do (accessed on 12 May 2025). [42]

ProInversión (2017), *Reglamento de organización y funciones de la agencia de promoción de la inversión privada – proinversión*, ProInversión, https://www.investinperu.pe/RepositorioAPS/0/1/JER/REGLAMENTO_ROF/ROF%20Publicado%20Rectificado.pdf. [54]

Publishing, O. (ed.) (2015), *Policy Framework for Investment, 2015 Edition*, OECD Publishing, https://www.oecd.org/en/publications/policy-framework-for-investment-2015-edition_9789264208667-en.html (accessed on 2025). [4]

SEZ Authority (2025), *About Us*, https://www.sezauthority.go.ke/fr/about-us (accessed on 29 April 2025). [53]

State Bank for Foreign Economic Affairs of Turkmenistan (2025), , https://www.tfeb.gov.tm/. [9]

The State News Agency of Turkmenistan (2025), *Заседание Кабинета Министров Туркменистана*, https://www.tdh.gov.tm/ru/post/43714/zasedanie-kabineta-ministrov-turkmenistana-142 (accessed on 1 July 2025). [7]

The State News Agency of Turkmenistan (2019), *Interdepartmental commission for foreign investments*, https://www.tdh.gov.tm/en/post/18467/interdepartmental-commission-for-foreign-investments (accessed on 30 June 2025). [20]

Turkmen Portal (2025), *Туркменистан представил инвестиционную программу развития на 2025 год с крупными инфраструктурными проектами*, https://turkmenportal.com/blog/87205/turkmenistan-predstavil-investicionnuyu-programmu-razvitiya-na-2025-god-s-krupnymi-infrastrukturnymi-proektami (accessed on 1 July 2025). [8]

Turkmenistan Altyn Asyr (2024), *Инвестиционная программа Туркменистана на 2024 годы предусматривает реализацию ряда масштабных проектов*, https://turkmenistan.gov.tm/ru/post/79447/investicionnaya-programma-turkmenistana-na-2024-gody-predusmatrivaet-realizaciyu-ryada-masshtabnyh-proektov (accessed on 1 July 2025). [6]

U.S. Department of State (2016), *2016 Investment Climate Statements : Turkmenistan*, https://2009-2017.state.gov/e/eb/rls/othr/ics/2016/sca/254495.htm (accessed on 16 July 2025). [10]

UNCTAD (2025), *Foreign direct investment: Inward and outward flows and stock, annual*, https://unctadstat.unctad.org/datacentre/dataviewer/US.FdiFlowsStock (accessed on 24 April 2025). [3]

UNCTAD (2024), *Kazakhstan - Approves the Concept of Investment Policy 2024-2029*, https://investmentpolicy.unctad.org/investment-policy-monitor/measures/4895/kazakhstan-approves-the-concept-of-investment-policy-2024-2029 (accessed on 12 May 2025). [43]

UNCTAD (2023), *The Digital Transformation of Investment Promotion Agencies*, UNCTAD, https://unctad.org/system/files/official-document/diaepcbinf2022d9_en.pdf. [31]

Union of Industrialists and Entrepreneurs of Turkmenistan (2025), *About CCT activity*, https://cci.gov.tm/about/o-deyatelnosti-tppt (accessed on 12 May 2025). [23]

World Bank (2025), *Foreign direct investment, net inflows (% of GDP) - Turkmenistan, Uzbekistan, Kazakhstan, Kyrgyz Republic, Tajikistan*, https://data.worldbank.org/indicator/BX.KLT.DINV.WD.GD.ZS?locations=TM-UZ-KZ-KG-TJ (accessed on 1 July 2025). [2]

World Bank (2023), *Divestment Drivers and FDI Retention*, World Bank Group, https://documents1.worldbank.org/curated/en/099090823160521679/pdf/P1755380f72a400b20b136007a5c61ac2b4.pdf. [39]

World Bank (2023), *What makes an Investment Promotion Agency Effective? Findings from a Structural Gravity Model*, https://documents1.worldbank.org/curated/en/099144501132320106/pdf/IDU0db197ce406d740471308edd040f4f19f6f35.pdf. [14]

Примечания

[1] А именно: Закон Туркменистана «Об углеводородных ресурсах», Закон Туркменистана «О валютном регулировании и валютном контроле во внешнеэкономических отношениях», Закон Туркменистана «Об иностранных инвестициях», Закон Туркменистана «Об инвестиционной деятельности в Туркменистане», и Закон Туркменистана «О свободных экономических зонах».

www.ingramcontent.com/pod-product-compliance
Ingram Content Group UK Ltd.
Pitfield, Milton Keynes, MK11 3LW, UK
UKHW051644031026
15588UKWH00007B/1314